FOND DU SAC

D'UN VIEUX TOURISTE

RAPSODIES ITALIENNES

2e SÉRIE

Louis VIGNET

DES CLUBS ALPINS FRANÇAIS, ITALIEN, SUISSE & DES TOURISTES DU DAUPHINÉ

Sections de Lyon, Paris, Briançon, etc., etc.

CORRESPONDANT DE LA SECTION DES QUINZE-VINGTS

BOURG

IMPRIMERIE J.-M. VILLEFRANCHE

1887

LE

FOND DU SAC

D'UN VIEUX TOURISTE

LE

FOND DU SAC

D'UN VIEUX TOURISTE

RAPSODIES ITALIENNES

2e SÉRIE

Louis VIGNET

DES CLUBS ALPINS FRANÇAIS, ITALIEN, SUISSE & DES TOURISTES DU DAUPHINÉ

Sections de Lyon, Paris, Briançon, etc., etc.

CORRESPONDANT DE LA SECTION DES QUINZE-VINGTS

BOURG

IMPRIMERIE J.-M. VILLEFRANCHE

1887

LE

FOND DU SAC D'UN VIEUX TOURISTE

DEUXIÈME SÉRIE

RAPSODIES ITALIENNES

CHAPITRE I

LYON-VENISE

1862

§ I. — SIMPLON

Le 5 juin 1862, à six heures du matin, un monsieur crispé, rogue, farouche, se rongeant les ongles — signe de détresse, Mesdames ! — arpentait la véranda de l'hôtel d'Angleterre à Brieg-en-Valais, où il pleuvait à verse.

Parti de Lyon l'avant-veille, ce monsieur avait brûlé

pas mal de rails, de pavés et de cigarettes jusqu'à Sion, capitale bossue, baroque et vermoulue du vingtième canton de la Confédération suisse, puis de Sion à Brieg, chef-lieu d'un de ses dizains.

Le monsieur crispé, rogue... et le reste, était, vous l'avez peut-être deviné, Mesdames, l'*homme de lettres* dont les œuvres (1re série), se sont, en quinze mois, vendues à *un* exemplaire, bien qu'en dehors du commerce.

Ce succès le rend très fier; il l'engage à persévérer.

Brieg est cette petite ville du Haut-Valais dont les pignons et les clochers sont coiffés de casquettes en fer-blanc qui tirent les yeux. On dirait un peloton de cuirassiers chargés de surveiller les gorges du Simplon.

Au moment de nouer nos premières relations avec l'Italie septentrionale, nous avions à cœur, moi et Plumette, mon esclave, de *faire* pédestrement le col du Simplon, et c'est dans de telles visées que nous étions venus camper à l'hôtel d'Angleterre où il pleuvait à verse.

— Vous l'avez dit, Monsieur.

— N'importe ! Il pleuvait tant qu'on est heureux de le redire...

Le secret de mes jambes avait été trahi dès leur arrivée. Au souper, le voiturin avait flairé le touriste... Je le voyais, la bouche en cœur, rôder autour de la table, guettant sa proie comme le lion de l'Evangile et cherchant à la dévorer.

Je me disais, *in petto* : Bon ! je te vois venir, toi !...

Le lion avait d'ailleurs la mine bonasse du mouton.

Les hostilités s'engagent :

— Son Excellence est pour passer demain le Simplon?

— Oui, mon ami!

— A pied?

— Exactement... à votre service!

— Si Monsieur le voulait bien..., ce service, il lui serait facile de me le rendre..., à charge de revanche..

— Voyons!

— Je suis vetturino..., natif d'Arona... Bonne calèche..., bien fermée..., deux chevaux, autant de lanternes, un sabot pour les descentes..., et comme je suis en retour...

— Ah! vous êtes en retour...

— *Si, Eccellenza!*

— Pour lors, jusqu'à Strésa, sur le lac majeur, en vue des Iles Borromées... combien ?

— Le prix-courant est soixante lires, que Monsieur s'informe auprès du sommeiller d'ici ?...

— Allez, allez toujours.

— Mais, il n'y a pas de presse. Et, comme j'ai eu l'honneur de le dire à Monsieur, je suis...

— En retour. J'ai bien entendu.

— Ce sera donc trente lires.

— Merci, mon brave! J'irai à pied, n'étant pas faché d'étudier la route à mon gré, à petites journées.

— En baissant la capote, Son Excellence étudierait. Cela reviendrait au même.

— Tiens! tiens! c'est une idée. Vingt-cinq francs.

— Trente!

— Vingt-cinq, à prendre ou à laisser.

— Hum!

— Et demain nous coucherons à Domo-d'Ossola?..

— On couchera demain à Domo-d'Ossola.

— Puis, après-demain, vous me déposerez à Strésa.

— On déposera Son Excellence à Strésa.....

— Une heure avant le bateau faisant le tour du lac.

— Accepté! mais c'est bien pour faire plaisir à Monsieur.

— Et moi donc! Votre nom?

— Milanollo!

— Milanollo? Seriez-vous parent avec mesdemoiselles Milanollo, les petites violonistes?

— Peut-être bien cousin de loin, cependant je n'en répondrais pas.

— Ni moi non plus. Marché conclu, n'est-ce pas?

— Comme si le notaire y avait passé.

— Demain donc, à six heures.

— A six heures, Excellence! Vous serez content de moi. Dieu vous garde!

— Bonne nuit! *Gute-Nacht!*

Sur cette politesse germanique de mise à Brieg, déjà aux trois quarts tudesque, j'entre dans ma chambre à coucher où je ne tarde pas à m'endormir, bercé comme autrefois par les accords célestes de ces deux étonnantes jeunes filles que plusieurs de vous, Mesdames, ont dû entendre, si vous remontez à vos souvenirs de quelques trente années.

Maria! blonde enfant! la grâce, le brio; Maria, logeant le diable dans son violon.

Térèsa! l'inspiration, le sentiment, la passion; Térèsa, soupçonnée d'avoir volé son archet à quelque séraphin aux ailes d'or.

Maria! l'éclat de rire, morte à quinze ans!...

Térèsa! je l'ai retrouvée en 1866, à Constantine, par un de ces hasards que ménage la Providence.

C'était le saint jour de Pentecôte. En ma qualité de *chien* de chrétien, je vais entendre la messe dans une vieille mosquée arabe de laquelle, par le *droit canon*, Jésus-Christ avait bel et bien mis à la porte Allah, Mahomet son prophète et leur Koran.

Présenté à l'un des grands vicaires de l'évêque d'Alger Monsieur l'abbé P. C... Lyonnais par surcroit : « Si vous « désirez, me dit-il, entendre quelque chose de prodi- « gieux, venez au salut !.. Une surprise ! »

Parbleu ! Je me rends au salut, comme je m'étais rendu à la grand'messe. L'église-mosquée regorgeait de fidèles et de musulmans. Tout à coup, entre deux antiennes de la liturgie catholique s'élance et plane une mélodie connue et tant de fois applaudie, *la Casta diva*, de Bellini. Un violon pleure, prie, chante les mystérieuses douleurs, les tristesses et les voluptés de l'âme aspirant à des horizons infinis.

Le violon de Térèsa Milanollo ! La brune Térèsa mariée au colonel X. commandant alors le génie dans la province de Constantine, aujourd'hui général, et, je l'espère, aujourd'hui comme alors, accompagnateur au piano de la grande artiste qui porte son nom.

Oh ! Mesdames ! Mesdames ! que nous sommes loin du Simplon ! Arrière la folle du logis ! Fais-moi le plaisir de t'en aller.

Le lendemain à l'heure dite, on frappe à ma porte. C'était bien un Milanollo, mais ce n'était plus une Térèsa.

— Excellence, vous ne savez pas une chose?

— *Qui é ?*

— Il pleut des *hallebardes !*

— Que me dites-vous là, vetturino ?

— Ecoutez sur vos vitres ce roulement.....

— J'entends. Alors nous ne pouvons plus partir ?

— C'est selon. La pluie ici doit être la neige dans la montagne.

— La neige ? au 5 juin ?

— La neige se fiche bien du calendrier.

— Que faire ? Attendez, Milanollo, je m'habille et je descends. Réveillez le patron, nous allons délibérer.

Dix minutes après le jury est en séance ; j'expose la question :

— Voyez, mes enfants, l'horrible temps ! Le pays noyé dans une mer de vapeurs, une réduction du grand déluge... Que me conseillez-vous ?

— Je n'ai pas d'avis à donner à Monsieur ; mais à sa place je ne partirais pas...

— C'est votre opinion, cher hôte ? La vôtre aussi, Milanollo ?

— La *mien* aussi, Excellence !

— Quelle scie !

— Ah ! Monsieur n'a pas idée de ce que les averses de nos Alpes ont d'humide.

— De pénétrant...

— D'insupportable...

— Oh !

— Çà se faufile jusqu'à la moëlle des os.....

— Jusqu'à la racine des cheveux.

— Oh ! Oh !...

— On en peut tomber malade.

— En mourir très bien...

— Oh ! oh ! oh ! vous m'effrayez tous deux.

— Tandis qu'en restant à l'hôtel d'Angleterre..... jusqu'à demain, le temps change, la pluie cesse, la neige fond. Nous faisons à Monsieur, bon feu, bonne cuisine, bon visage, vous verrez, vous verrez.....

— Son Excellence verra.

Sapristi ! J'en voyais assez ; alors, de ma plus grosse voix et de mon geste le plus dramatique :

— Mes enfants ! tout ceci est parfait. Je vous suis très reconnaissant. J'entends les grelots de la diligence fédérale faisant le service de la poste entre Arona et Sion... Tenez ! prêtez vos oreilles... C'est bien le diable si je n'y trouve pas une place vacante ; je la saisis, je descends à Sion. Demain je monte à Zermatt au pied du Cervin, j'entre en Italie par le col de Saint-Théodule, e roi des cols après le Géant.

— Oui.., quatre heures de glaciers.

— Je n'en suis pas à compter les heures avec eux.

— J'aime les glaciers, moi... là !... Rien ne m'empêche d'ailleurs de jeter en passant un coup d'œil au Mont-Rose, sur lequel le Mont-Blanc l'emporte à peine de deux cents mètres.., une longueur de tête.., une misère.

— Et le Simplon ? ce pauvre Simplon ?

— Le pauvre Simplon sera pour une autre fournée. Voici la diligence... Ma note, cher hôte, ma note, et que votre main lui soit légère.

Tableau ! Mes deux assesseurs échangent un regard mystérieux et désespéré.

— Milanollo ?

— Patron ?

— Ne dirait-on pas que la pluie..., que le brouillard ?

— On le dirait presque.

— Crois-tu qu'il y ait pour Monsieur danger à se mettre en route ?

— Peuh !.. Son Excellence a du courage.

— Oui, Monsieur a dans les traits je ne sais quoi d'héroïque. Ne trouves-tu pas, Milanollo ?

— Cela saute aux yeux.

— Un moment, mes enfants, n'allons pas si vite. Je me soucie peu de tomber malade.

— Ce serait mal tomber.

— Ni d'en mourir.

— Quand on mort, c'est pour longtemps, Excellence !

— Cette pluie humide, pénétrante...

— Bah ! moins mauvaise que bête...

— Insupportable.....

— En fermant la calèche à double tour.

— Qui se faufile jusqu'à la racine des cheveux.....

— Simple histoire d'enfoncer le bonnet jusqu'aux oreilles.

— Jusqu'à la moëlle des os.

— Monsieur aura la peau de Milanollo.

— La peau de Milanollo ?

— Sa peau de mouton.

— Pardon ! je n'y étais pas.

— Et pour que Monsieur soit garanti à fond, je lui fournirai une de nos paires de bas de montagne qu'il passera par-dessus ses culottes. Il sera là-dedans comme un ange.

— De manière que tous les deux, vous, cher hôte,

vous, Milanollo, pouvez attester qu'il n'y a pas péril de se frotter au Simplon, même aujourd'hui.

— Nous le jurons !

— C'est que tout à l'heure, vous disiez...

— Pas moi, Monsieur, Milanollo.....

— Pas moi, Excellence, le patron.....

— Insolent !

— *Canaglia !*

— La paix, mes enfants, la paix ! Vous, Milanollo, allez préparer vos bêtes. Vous, patron, le déjeûner pour sept heures ; nous partons à huit. Allez ! La séance est levée.

Et comme à sept heures le déjeûner ne paraissait pas encore, que, de plus, il n'y avait pas à faire entendre raison au déluge, je m'étais incarné dans le monsieur que vous avez vu, Mesdames, piétiner sous la véranda et se ronger les ongles, ce qui est un vilain défaut.

Il faudrait un volume pour décrire la route du Simplon. Rien peut-être dans les annales des Ponts-et-Chaussées qui lui puisse être comparé, surtout si l'on se reporte à l'époque éloignée de sa construction (1800-1807).

Sur un parcours de quatorze lieues, de Brieg à Domo-d'Ossola, c'est une sorte de champs-clos où la science et la nature sont aux prises. On n'y peut faire un pas sans être émerveillé des combats qu'elles se livrent. On admire comment, dans cette longue et terrible lutte, elles ont pu rester, la nature toujours grande, la science toujours victorieuse.

Ailleurs, Mesdames, que de sentiers j'ai vus, taillés dans le roc, suspendus aux abîmes, s'élevant ou s'abaissant avec le sol et se pliant à ses caprices ! C'est effrayant de pittoresque et de casse-cous; tandis qu'ici, au Simplon, la voie est sûre, commode, d'une largeur et d'une pente régulières. Elle poursuit sa carrière majestueuse à travers mille obstacles, attaque de front les rochers, perce le granit, enjambe les précipices et s'élance sans efforts dans les régions alpestres, à la naissance des glaciers. On se trouve dans les nuages sans se douter qu'on a quitté la plaine. Les postillons font claquer leur fouet sur le chemin des avalanches, leur rient au nez et leur jettent en passant une bouffée de leur mauvais tabac.

Oui, Mesdames, le Simplon est au nombre de ces conceptions à la grandeur desquelles la pensée n'ose rien ajouter. Entreprise que le génie dévorant d'un Napoléon pouvait seul méditer et réaliser.

De Brieg — si le ciel est d'humeur plus accommodante que le 5 juin — se laisse voir sans lunettes le col du Simplon, sorte d'embrasure entre deux pics couronnés de neiges assez persistantes pour avoir quelques droits à l'adjectif d'éternelles.

Pour dresser la statistique des biais, des courbes, des lacets, des ponts, des refuges et des galeries, il faudrait être, ce que je ne suis pas, Mesdames, un fort en chiffres. Je le regrette.

C'est en tournant le dos au col que vous commencez l'ascension. Vous vous glissez sournoisement dans une vallée latérale qui ne descend pas plus du Simplon que votre conteur ne descend, lui, de Jules César ou d'Agamemnon.

La calèche de Milanollo était, en vérité, d'un confortable exquis, bien close, bien suspendue, douillettement capitonnée, avec sa vaste peau de mouton pour les jambes préalablement emballées dans les fameux bas chinés de l'hôtel d'Angleterre, rudes, ébouriffés, bons à faire pousser des cloches sur l'épiderme, meilleurs encore pour y tailler quelques cilices à l'usage des Révérends Pères Trappistes.

Le véhicule est en marche. Ah! Enfin! La pluie tombait avec rage, créant mille cascades d'occasion. Très gentil comme symphonie... comme aspect, désolant! Nous cheminons dans un globe de verre opaque.

Vers midi, le convoi fait halte à Bérisal, relai de poste dans le désert. Depuis quelques instants, je me figurais que l'eau claire d'en bas se transformait insensiblement en je ne sais quelle bouillie d'un blanc très nuancé. Ouvrant la portière, je saute en plein dans la bouillie. Horreur! De la neige à l'état de chrysalide! Je suis fixé.

Brrrr! Je me sauve dans la cuisine, je chasse de leur escabeau toute une dynastie de chats qui se rôtissaient au feu de la cheminée, pour me rôtir à leur place.

Eh donc! Toujours la maxime en honneur un peu partout : Otes-toi de là que je m'y mette! Chacun son tour.

J'avais faim. Riez, Mesdames, autant qu'il vous plaira; votre sourire est si doux, même dans son ironie. J'avais faim!

— La carte! la carte! Lisbeth, Kettly, Mina! Approchez! Qu'avez-vous?

— Du pain, mein herr!

— Et après?

— Du fromage.

— A merveille, voilà pour le dessert, et de plus?

— Niente!

— Bien, parfait. Et pour vin, quel vin?

— Du Malvoisie.

— Bigre!

Vous le savez, Mesdames, le Valais n'a pas de rivaux pour les contrastes. Une hypothèse. Le démon des Alpes nous emporte un jour, par-dessus la Gemmi, dans l'Oberland Bernois. Nous traversons, au départ de Sion, des vergers de figuiers, de grenadiers, des vignobles en plants de Chypre ou de Madère produisant un Malvoisie très parfumé sinon très authentique. Puis, d'échelons en échelons, les noyers, les châtaigniers, les sapins, les gazons, le lichen, les névés et les glaciers.

Si bien que du lever au coucher de l'ami soleil, nous aurons, en tant que climat et végétation, passé par tous les degrés de latitude entre le tropique nord, le nôtre, et le cercle polaire.

Je m'attarde à bavarder, je digresse à tort et à travers, parce que c'est vous, ô lectrices! et qu'avec vous Plumette ne saurait s'empêcher d'écrire tout ce qui lui passe par la tête et l'esprit.

Entre temps, la neige n'oublie toujours pas de tomber à gros flocons. Le Malvoisie épuisé, les chevaux à leur poste, nous reprenons notre voie douloureuse.

Mais, ce qui à douze cents mètres représentait assez fidèlement le blanc tapis d'un salon, devait à deux mille s'enfler jusqu'à l'épaisseur du matelas. Les dés en pierre bordant le précipice se laissent envahir; ils disparaissent submergés. L'abîme lui-même se perd dans la brume. La frayeur s'empare de moi.

— Milanollo! Milanollo! tirez à gauche, sacrebleu! tirez à gauche.

— *As pas paour, Eccellenza !*

— A gauche. Ne lâchez pas la *balme !*

— Ça me connaît !

— Allons, bon ! Quel est encore ce vacarme ? Une avalanche ?

— Non, le *Kaltenwasser.*

— Arrêtez, malheureux ! arrêtez !

— Le Kaltenwasser (*l'eau froide*), et certes, Mesdames, le sujet répond au signalement) est l'un des grands airs de la bacchanale du Simplon.

Un immense glacier descend à gauche presqu'au niveau de la chaussée. Ses nombreux rameaux, comme des tentacules, semblent vouloir happer au passage le voyageur téméraire. Il fallait un exutoire pour l'avalanche et le torrent échappés aux flancs du monstre. Que font les ingénieurs qui ne sont pas manchots ? Ils bâtissent une galerie en maçonnerie cyclopéenne. Sur le toit de ce tunnel — lisez bien, Mesdames ! — glisse l'avalanche et roule le torrent qui vont se perdre dans le gouffre, grondant comme une meute de dogues qu'on a dérangés de leurs habitudes.

Et, sur un parcours de plus de cinquante pas, les voyageurs traversent la galerie béatement, les mains dans leurs poches, ravis et guillerets de porter une cascade sur la tête.

Je voulais donc — humble touriste — m'offrir un Kaltenwasser complet. L'eau qui filtrait dans le rocher, la neige, dont la galerie était obstruée, rendaient le trajet difficile ; je soupirais après un parapluie.

J'ai revu le Kaltenwasser dans de meilleures conditions, à la fin de septembre. Il faisait froid, le ciel était d'une rare limpidité, les parois se cachaient derrière des pilastres de glace; de brillantes stalactites pendaient à la voûte, le sol était ferme et crevassé, comme le glacier de l'entresol, et la cascade se développait avec majesté sur un lit de cristal, laissant visible à travers son miroir mobile le panorama des Alpes Bernoises couronnées par cette radieuse et virginale Yungfrau que Plumette a eu, Mesdames, l'honneur de vous présenter un jour.

En peu d'instants nous saluons la croix de bois qui seule perce au dessus de la neige. Le col est là. Son altitude absolue est de 2,020 mètres. Pas de végétation. Le rhododendron ne s'y acclimate lui-même que dans quelques anfractuosités à l'abri du souffle glacé des vents.

Le plateau est morne en toute saison. Jugez, Mesdames, ce qu'il devait être le 5 juin 1862 ! Rien ne vivait sous ce linceul, pas même l'hospice dont les desservants s'étaient claquemurés, les deux pieds sur les chenets. Nous étions seuls, moi, Milanollo et un pauvre diable de char suisse empêtré dans le névé. Nous opérâmes son sauvetage en poussant aux roues.

Le patron de la carriole paie notre coup d'épaule par un cigare. Je lui paie mon cigare et celui du voiturin par un coup de rhum; nous nous serrons la main et nous donnons rendez-vous dans la vallée de Josaphat.

A l'extrémité méridionale du plateau, changement à vue. La féerie du col de Seigne (allée blanche), reprend le cours de ses représentations. Les nuées se soulèvent, le rideau se déploie, le soleil au déclin fait ses embarras, et, devant mes yeux, se dresse un cirque de montagnes en marqueterie noire et blanche. Dominant la scène et dans les frises, à gauche, le Monte-Leone, le Fletschorn à droite, deux bébés de trois mille cinq cents à quatre mille mètres cuirassés de glaces, pics des mieux aiguisés et des moins abordables.

Du col au village du Simplon, la descente est de deux lieues. On voit se ranimer progressivement la végétation trop faible encore pour se mesurer contre l'âpreté du climat. Rien de mieux réussi pour la mélancolie que l'aspect du pauvre hameau dont les murailles trapues, les fenêtres étroites et basses, racontent les assauts violents que leur prépare messire Borée, leur intime ennemi.

Je n'avais plus l'espoir de coucher à Domo d'Ossola dont me séparaient encore quatre ou cinq lieues, les plus pittoresques du passage. La tempête de neige avait détraqué le programme, les chevaux n'en pouvaient plus, Milanollo grelottait la fièvre, Son Excellence souffrait de la faim.

La faim toujours... Voyez, Mesdames !

On stoppe devant l'hôtel du Fletschorn, on remise les bêtes à l'écurie, les gens dans la salle commune... Tout va pour le mieux. Là, je suis le héros innocent d'une *aventurine*, d'une *aventurette* (pardonne, ô vocabulaire de notre pays de France !) d'un intermède enfin qui, jusqu'au lendemain, me laisse une impression de tristesse et de pitié.

Le village renfermait en son sein — et quel sein ! — deux auberges se décernant pompeusement le nom d'hôtel... La *poste*, ratatinée, sans références dignes d'être prises en considération, et le Fletschorn, un débutant, une étoile nouvelle au firmament du Simplon.

La locanda n'était pas achevée. Les ouvriers y exécutaient un concerto strident de rabots, de scies et de marteaux. Salle à manger, cuisine, deux chambres à coucher étaient livrées seules à la consommation du public. J'entre à la salle à manger, naturellement.

Deux dames s'y trouvaient. Je les salue avec toute la désinvolture française, on me rend mon salut. C'est bien, c'est correct, rien à dire.

Ces dames, d'un certain âge — je veux dire certainement âgées, — étaient Anglaises, deux sœurs, l'une sourde, mais sourde;... longues, effilées, cheveux bouclés en saule pleureur et, dans la circonstance, outrageusement défrisés. Deux bas-bleus, aurait-on dit, deux institutrices en vacances, deux types.

Assurément, la toilette des insulaires ne dénonçait ni des pairesses, ni des membres de la haute aristocratie d'Angleterre. Mais, en voyage, vous le savez, Mesdames, on ne porte généralement ni robes de velours, ni cachemires de cinq mille francs. Au total, les deux sœurs paraissaient convenables et ne comprenaient le français.

Le souper fait son entrée. Je danse devant la table, comme le roi David devant l'arche, comme il m'est arrivé de danser un soir à notre grand théâtre dans le ballet de *Gustave*. Une fredaine de jeunesse. Peut-être, après avoir pris conseil de Plumette, oserai-je, Mesdames, vous la conter?

Pendant que je fais aux produits culinaires du Fletschorn l'accueil qu'ils méritent tant bien que mal, je vois, du coin de l'œil, nos deux grandes Bretonnes se livrer mélancoliquement aux apprêts d'un thé de la plus rare modestie. Elles sortent avant moi pour rentrer peu après, les larmes aux yeux, suivies du préposé en chef de la locanda.

— Qu'ont ces dames, cher hôte?

— Elles ont... que ces dames sont Anglaises.

— Je le vois bien.

— Des Anglaises pannées.

— Qu'appelons-nous pannées?

— A sec, si Monsieur préfère, figurez-vous qu'il est des gens assez... assez...

— Stupides?

— C'est mon mot. Merci, Monsieur, assez stupides pour croire que tout Anglais voyage avec un million dans sa poche. Erreur! Monsieur! Erreur! La moitié des sujets de sa gracieuse majesté la reine Victoria court le monde par... économie.

— Voyez-vous? En France, c'est tout le contraire.

— Les deux miss sont donc arrivées, il y a deux heures, à pied, portant leurs petits cabas... Signe de panne... Tandis que Monsieur nous fait l'honneur de descendre chez nous en calèche fermée...

— Ce n'est pas ma faute, allez!... sans votre satanée pluie...

— Et la preuve, c'est que ces dames ou demoiselles, je ne sais pas au juste, ni envie de...

— Pas de gaillardises, patron!

— ... M'ont fait l'aveu qu'il leur reste à peine de quoi se rendre à Lausanne où, soi-disant, elles ont leur banquier..., leur banquier!!! Et que de Lausanne elles m'enverront leur addition.

— Eh! Eh!... Ce n'est pas déjà si mal...

— Connu! Connu!

— Vous n'avez pas à faire à des intrigantes... Tenez, voyez leurs larmes...

— Je respecte leurs larmes... Mais je ne m'en fiche pas mal...

— De sorte?

— De sorte, que j'ai fait comprendre aux miss..., poliment croyez-le-bien, très poliment, qu'elles eussent à céder à Monsieur la chambre d'honneur, et à se contenter de l'autre..., la chambre de garçon.

— Du tout, du tout, cher hôte! Le garçon c'est moi.

— Mais enfin, Monsieur, quand on a deux chevaux.

— J'en aurais quatre, ce serait absolument de même. Parce que ces dames se trouvent en détresse passagère, est-ce une raison pour les déloger?

— Ma foi, oui!!!

— Ah! c'est comme cela, cher hôte! Eh bien! Milanollo ici présent, je vous déclare une chose : ces deux intéressantes miss garderont leur chambre, la chambre d'honneur, entendez bien, sinon je déménage. Je transporte immédiatement à la *Poste* — il n'y a que la rue à traverser — ma personne, ma voiture, mes chevaux et Milanollo par dessus le marché. Pas vrai, Milanollo?

— *Si, Eccelenza!*

Nos deux juives errantes comprirent-elles? Je le crois. En sortant, elles me tendirent la main. Pauvres vieilles miss!

Au-delà du village se déploient en toute liberté les splendides horreurs de la route. Souple et légère, elle se replie sans cesse sur elle-même, ici effleurant l'abîme, là se défilant comme un large ruban le long des rochers. Le torrent — la Doveria — roule blanc d'écume et de colère. La gorge est coupée par une barricade de granit, et, ne pouvant escalader l'obstacle, on le troue, on passe dans les entrailles mêmes de la montagne.

Telle est la grande galerie de Gondo (224 mètres), éclairée par quelques ouvertures latérales. Il ne serait pas juste de leur faire payer l'impôt des portes et fenêtres. Elles s'ouvrent sur le ravin d'un noir à faire frémir, et ce qu'elles transmettent de clarté ne vaut pas la peine.

Nous sortons de la galerie par un pont d'une hardiesse inconcevable jeté sur la cascade du Fressinone, un pittoresque lavabo pour, en passant, se rafraîchir les mains.

C'est au seuil de Gondo que se lit, gravée sur le granit, l'inscription légendaire :

— *Œre Italo : Nap. Imp. 1805.*

Ce qui ne laissait pas, dans le temps, que de chatouiller un double amour-propre national, *Nap. Imp.* ayant fourni l'idée, *œre Italo* les millions.

Gondo appartient encore au Valais. Une demi-lieue plus loin la calèche traverse *San Marco*, le premier village italien.

Ayez donc pris la peine d'écrire l'un des quatre saints Evangiles, pour être condamné à devenir le patron d'une misérable bourgade où Satan semble avoir entassé le plus de gredineries géologiques pour masquer l'entrée d'une région au ciel si pur, au climat si doux, au langage si harmonieux !

Vous me direz, Mesdames, que saint Marc a de quoi se consoler... Palladium de Venise la belle !.. Diantre !

Après une trompeuse éclaircie, le val d'Isella succède au val Gondo et le surpasse en scènes de désolation.

De toutes parts, vastes éboulements, rocs fracassés et, dans ce cadre sculpté pour les sorcières du sabbat, la douane, les douaniers.

La voiture est bloquée par ces dignes fonctionnaires que j'estime autant qu'ils m'effraient, telle est ma crainte de me livrer à la contrebande... sans le savoir. Tandis qu'ils fouillent partout, je me dirige en silence... Un délégué de la douane emboîte le pas... Oh !

— Eh ! Dites donc... l'ami ?

— La consigna ! Eccelenza ! La consigna !...

— La consigna, signor Doganero ? Va bene ! va bene !

Tout de même bien... indiscret...

Je reviens tôt, réglementairement escorté suivant la formule, et je trouve qui ? Milanollo ! mon Milanollo aux prises avec la brigade de douaniers, tout ce monde sacrant, jurant, vociférant, se bombardant des adjectifs les plus vinaigrés de la rhétorique italienne.

En portant ses yeux d'Argus sur tous les recoins du véhicule, la douane avait déniché sous la banquette du fond un stock de cigares suisses dont l'audacieux automédon allait frauduleusement inonder les Etats de Sa Majesté le roi Victor-Emmanuel...

Et cette banquette était précisément celle qui me servait de siège. Abomination ! Je roulais sur un volcan de la Havane !

— Nous te connaissons, toi ! hurlaient les douaniers aux oreilles de Milanollo. Tu n'en es pas à ton coup d'essai... Cette fois tu paieras pour l'arriéré.

— Je vous jure, douaniers !... J'ignorais !...

— C'est donc ton voyageur ?

— Moi ! Par exemple !

— Je ne dis pas, douaniers... Mais enfin...

— Basta ! Basta ! Nous allons saisir la carozza..., les cavalli...

— La calèche ? Les chevaux ? Pourquoi pas moi, tout de suite ?

— Son Excellence est insaisissable... Le cocher, c'est différent, il est en récidive, le gaillard !... Tant pis pour lui !.. Nous avons les ordres les plus sévères.

— Voyons, voyons, douaniers ! Réglons cette petite affaire... en amis.

— En amis !... répète Milanollo fouillant dans sa poche d'un geste fièvreux et désespéré.

— Nous ne pouvons pas, Signor ! Veramente !

Après nous être chamaillés un grand quart d'heure, les hostilités furent suspendues et l'armistice conclu sur les bases suivantes.

Entendu et convenu :

— 1° Que Milanollo était un propre à rien, un chenapan qui finirait mal ; de plus, un dindon pour s'être laissé prendre ;

— 2° Que *pour quant* à moi, j'étais, à l'unanimité de la douane, un digne et noble seigneur incapable de faire tort d'un *centesimo* à la douane royale d'Italie.

3° Que, sur les deux cents cigares en contravention, il m'en serait alloué quatre à titre de dommages intérêts pour l'odieux soupçon dont j'aurais pu devenir la victime ; que la douane en revendiquerait seize pour se mettre à même d'apprécier le mérite de la contrebande... Les cent quatre-vingts derniers cigares — corps du délit —

confisqués au profit de l'Etat, moyennant quoi il n'y aurait ni saisie officielle, ni procès-verbal.

4° (Article secret.) Celui sans doute dont Milanollo était allé puiser les arguments et la rédaction au fond de son gousset.

Libres enfin, nous mettons le cap sur Domo-d'Ossola. Je fais un cours de morale à Milanollo qui me répond avec le plus beau sang-froid : *Che volete, Signor ? La vita !.. La povera vita !..*

Finalement, je lui repasse l'un des quatre cigares qui venaient d'être le prix de ma négociation... et du feu avec... (Les cigares furent trouvés de qualité supérieure.)

Au sortir d'Isella, notre vallée s'élargit pour tout de bon. Les montagnes inclinent leurs crêtes menaçantes. Elles se transforment en riante avenue parsemée de jardins, de terrasses, de vignes en berceaux. Le soleil sourit à la terre. Je reconnais l'Italie, la vraie... Italia ! Italia !

Voici Domo-d'Ossola qu'on dirait avoir émigré toute d'une pièce du fond de la Calabre au pied des Alpes. Mêmes rues à arcades, mêmes regards sinistres, mêmes chapeaux coniques, mêmes jupes bariolées de toutes les couleurs de l'arc-en-ciel, mêmes processions, mêmes madones ; à l'occasion, mêmes mains dans les poches du voisin, mêmes coups de stylet.

Je campe dans une chambre vaste comme une place d'armes. Sur les lambris s'épanouit en fresques flamboyantes la découverte de l'Amérique par Christophe Colomb. Les vaisseaux sont petits..., petits... Mais comme les héros sont grands !

(7 juin.) Les chevaux qui flairent l'écurie m'emportent en démons sur l'une des routes les plus attrayantes de la création. Je salue au passage cet admirable Val d'Ansasca, l'un des joyaux des Alpes italiennes, ayant pour toile de fond les glaciers et les blancs pétales du Mont-Rose.

Stresa! station riveraine du lac Majeur. Je fais ma liquidation avec Milanollo. J'oublie mon chiffre pour me souvenir du sien qu'il avait d'ailleurs très largement mérité. Je lui réédite mon sermon de la veille contre la contrebande, puis je l'envoie, lui, sa calèche et ses chevaux revoir Arona, leur commune patrie.

Au moment des adieux :

— Son Excellence garde les bas chinés ?

— Parbleu !

— Elle ne les portera jamais en France, ces bas.

— Et pourquoi ?

— *Perché ?* Ils écorcheront vos mollets.

— Je les ferai encadrer.

— Les mollets de Votre Excellence?

— Non, les bas chinés! Ce sera mon trophée du Simplon.

Le lac Majeur ! Ah ! Plumette! Casse ton bec rural plutôt que d'en essayer la description. Elle a été faïte mille fois; à quoi bon la mille et unième !

Il y a là tout, littéralement, tout ce qui peut se rêver : vallons noyés dans l'ombre, collines à croupes verdoyantes, prés poudrés à frimas, palais pour les princes, villas pour les danseuses retraitées, caravansérails pour les Anglais, cloîtres pour la virginité des âmes ou pour la meurtrissure des cœurs. Tout, oui, oui, Mesdames! et, sur cette nappe d'azur festonnée de perles blanches..., jusqu'à de petits canots à vapeur.

J'ai souvenir d'une de ces coquilles de noix montée par quatre contadines en promenade. Elles manœuvraient très habilement, ma foi! la mécanicienne au fourneau, la *capitana* au gouvernail. Les deux passagères jetaient au vent les mélodies et les cantilènes de leur village, et de l'équipage, la moins jeune n'avait peut-être pas vingt ans..., et le batelet volait..., volait..., et sa cheminée en miniature fumait..., fumait..., et c'était à piquer une tête dans le lac pour suivre le sillage du steamer microscopique.

Plumette, qui a du bon sens, prétend, Mesdames, que nous sommes trop voisins des Iles Borromées pour n'en pas dire un mot. Soit, je veux bien.

L'Isola Bella est le rêve d'un fou archi-millionnaire qui en a fait une pièce montée d'un rococo sublime. Séjour enchanté, palais d'Armide, tant qu'on voudra. Aimez-vous le rococo, lectrices? Moi, non. Passons!

L'Isola Madre est d'un effet plus *nature*, et sans son palais... Ce palais, belles pierres de taille! Passons encore!

A nous, l'Ile des Pêcheurs, l'*Isella* comme on dit sur place; de riantes cabanes, de la verdure sous les pas, une toute mignonne église, et pas de palais! rien de rococo!

Si je formulais un vœu, et, qui peut répondre que Plumette n'en formule pas? ce serait d'habiter sur *les côtes* de l'Isella une maisonnette à tuiles rouges, à volets verts, de me laisser vivre dans cette oasis, entouré de mes livres, de mes filets, de mes fleurs, et d'accomplir ma destinée, là, seul ou peu s'en faut, sous le regard béni de ces trois filles du ciel, la foi, l'espérance... La troisième!

— Plumette !

— Maître !

— Comment l'appellerons-nous ?

— ???

---

§ II. — MILAN

Si Naples se glorifie de son saint Janvier, Milan donnerait tous les Janvier du paradis pour le petit doigt de *San Carlo,* son patron.

Milan appartient à saint Charles Borromée, génie vaste, ardent, inflexible, administrateur d'en haut, un préfet de Dieu. Son souvenir rejette dans l'ombre Ducs, Rois et Empereurs qui,tour à tour,ont ceint la couronne de fer des Lombards.

Le domaine du pieux archevêque commence vers Arona, sa ville natale, où ses fils dans le Seigneur lui ont élevé une statue à côté de laquelle le colosse de Rhodes devait être un bébé. Sur la colline qui commande la pointe méridionale du lac Majeur se dresse un piédestal de quinze mètres, et, sur ce piédestal, le saint en lames de cuivre haut de vingt mètres.

Total : si Plumette ne se trompe, trente-cinq mètres, la taille moyenne d'un clocher de village.

En vérité, Mesdames, je vous le dis, saint Charles fut un grand élu du Seigneur, si grand qu'en passant je dus, comme tous les badauds cosmopolites, faire mon ascension à l'aide d'échelons de fer, comme un perroquet, et m'asseoir dans son nez de bronze ainsi que dans un fauteuil.

Si le grand saint s'était mis à éternuer!

Le soir même, après m'avoir fait traverser Novare où, le 23 mars 1849, les Autrichiens administrèrent aux Piémontais la formidable pile qu'enregistre l'histoire, puis Magenta où la pile fut si bien rendue le 4 juin 1859; le soir même, en pleine nuit, la *strada ferrata* me remisait dans la gare de Milan, à laquelle je sais peu de rivales en architecture, en élégance, en développement.

Tout d'abord, je suis ébloui. Je me demande si Milan n'illumine pas en mon honneur, et déjà la main cherche au fond du porte-monnaie une largesse presque royale proportionnée à l'illumination.

Ce n'était rien, Mesdames, sinon le petit orgueil en fausse route et une trentaine d'omnibus alignés au bas du perron, resplendissants de glaces, de dorures, de lanternes en feu, luisants, flamboyants, fulgurants.

Saperlotte ! tout au plus si j'ose faire entrer là dedans mon sac de voyage, mon parapluie, moi-même en supplément. Je comprends alors que Milan se dise la première ville d'Europe en carrosserie.

Milan se dit cela, oui, Mesdames, et peut se dire bien autres choses.

Une puissante, industrieuse et riche cité. Tout y respire l'abondance et la joie. De vastes places, des rues spacieuses pas trop bêtement tirées au cordeau, des maisons avenantes, des édifices *di primo cartello*, des promenades admirables de verdure, d'ombre et de fraîcheur.

Ailleurs les millions se cachent généralement, pauvres honteux, au fond du logis rébarbatif. Ici les millionnaires se font voir le nez au vent, dans le luxe de leurs équipages, dans la magnificence de leurs hôtels d'une architecture mâle, un peu massive, tatouée de sculptures en reliefs hauts et bas.

Et, dans les rues, quelle animation de bon aloi! Entre cinq et huit heures, aux Champs-Elisées de Paris, pas plus de mouvement et de flâneries que dans le Corso milanais. La reine lombarde ne s'applique pas à singer la reine de France; elle laisse les singeries à Bruxelles. Elle a son type qui ne l'empêche pas d'être à mon sens ce qui ressemble le mieux à Paris.

L'hôtel de la ville où m'emporte l'un des palais à quatre roues trouvés à la gare, lui aussi, est un palais dans sa spécialité. Ma chambre, somptueuse comme si elle était du *primo piano*, me fait oublier que je suis un simple prolétaire, et c'est en prolétaire que j'y dors de mon sommeil le meilleur.

Le lendemain à l'aube, un cicérone sorti je ne sais d'où, était de planton à ma porte guettant *il signor forestiere*. Je lui signifie un de ces congés froidement polis qui n'admettent pas de réplique, et mon Joanne sous le bras, je commence mes visites domiciliaires.

Riche est l'écrin milanais, nombreux sont ses joyaux. Je détacherai les plus renommés pour les faire miroiter à vos yeux, Mesdames, et nous laisserons les autres au fond du coffret.

LE DOME

Rien de bizarre comme sa façade, mélange hétéroclite de gothique et de Gréco-Romain. Les portes principales sont du plein cintre. Elles ont beau protester contre les étages supérieurs qui se hérissent d'ogives, de lancettes et d'aiguilles dentelées, on les laisse protester, et vu qu'il y a plusieurs siècles que cela dure, aiguilles et lancettes invoquent la prescription.

Aussi le gothique du dôme manque-t-il d'unité et de naïveté. Il est ensemble vague et recherché. Ce n'est plus l'art austère et grandiose de nos cathédrales du Nord.

L'intérieur du dôme produit une impression meilleure. Il y règne un mystère imposant, une solennelle obscurité. Six rangées de colonnes marmoréennes, à la fois énormes et légères parce que la hauteur en est aussi prodigieuse que le diamètre, divisent le temple en cinq nefs.

Les fûts de cette colonnade ont pour chapiteaux non, ainsi que leurs semblables, des feuilles d'acanthe ou des têtes de choux-fleurs, mais des galeries à jour peuplées de saintes et de saints qui, de leurs niches aériennes, surveillent les fidèles, regardent s'ils lisent dévotement leur messe ou s'ils récitent le Rosaire sans distraction.

L'effet est très neuf, très original.

En avant des marches du chœur, large ouverture circulaire entourée d'une grille de bronze, soupirail de la chapelle souterraine, de la *Confession* où reposent les restes de saint Charles Borromée.

Revêtu de ses habits pontificaux constellés de pierres précieuses, le saint cardinal est couché dans un cercueil d'argent. Sous sa tête mitrée un coussin d'or. Le sarcophage étant en cristal de roche, on peut, tant bien que mal, contempler les traits du grand prélat.

La devise des Borromées, *humilitas*, me sembla

quelque peu mise de côté, par l'exhibition de tant de richesses.

La loi des contrastes, Mesdames!...

Le tombeau aurait coûté, dit-on, quatre millions aux Milanais qui ne les regrettent point. San Carlo, s'il n'est pas un ingrat, a dû faire descendre sur eux pour plus que cela de grâces spirituelles et temporelles. En tout cas, voilà ce qu'on peut appeler un héros populaire quoique clérical.

Là, tout est beau, artistique, monumental aussi les tableaux et les statues, entr'autres certain saint Barthélemy de Marcus autrement dit *l'Ecorché* parce qu'il porte sa peau sur le bras droit, ainsi qu'un pardessus mi-saison.

Enfin le trésor!... Le trésor, pieux musée de grands bustes en argent massif, de châsses, de vases sacrés divinement ciselés, de calices niellés, incrustés de pierres précieuses et de tant de richesses métalliques et autres que c'est presque à en inspirer le dégoût.

L'art dans toutes ses formes et dans tous ses caprices se trouve peu ou prou ailleurs qu'au dôme de Milan. Ce qui ne se rencontre nulle part, que je sache, ce qui en fait un prototype, c'est la toiture ou la plate-forme.

Après avoir acquis, au tarif de cinquante centesimi, le droit d'escalader le faîte de l'édifice, je franchis le seuil de la tour, et dès la première marche certaines émanations me font tordre le nez. Au tournant de l'étage inférieur cette pancarte attire mon regard :

— Le syndic de la ville défend de (le mot en lettres majuscules) contre la muraille, sous peine d'amende !

Au palier qui suit :

— Respect à la maison de Dieu.

Au troisième repos :

— Prière de ne pas... (bis.) Dieu punirait !

Al quarto piano :

— Par saint Charles et la Madone vous êtes prié de ne pas offenser leur demeure.

A quelles fleurs de rhétorique, à quelles objurgations se serait voué le syndic de Milan, si le cinquième étage ne débouchait pas sur les combles ?

On croit peut-être que la prose municipale atteint son but. Ah ! bien oui !... Ce serait méconnaître les Milanais et leur parfait désintéressement à l'endroit des ordonnances de police.

Ces inscriptions me remettent en mémoire celles que, plus tard, il me fut donné d'épeler en Espagne dans ces mystérieuses cathédrales de l'Andalousie, pleines de recoins obscurs, de silence, d'ombres et de nattes, complices de Satan qui se fourre partout... Ces églises sont un lieu de sieste où l'on dort comme chez soi. Mais, paraît-il, les soupirs qu'on entend n'expriment pas toujours l'amour divin.

J'en atteste cet avis lu plus d'une fois en grosses lettres :

— Excommunication majeure et cinq douros d'amende aux téméraires qui oseraient... (encore un verbe qu'il faut sauter à pieds joints), en ce saint lieu...

— Ni plus, ni moins ! Que l'excommunication, surtout majeure, fasse mettre une sourdine aux sacrilèges anacréontiques, je le veux croire ; mais entre nous, Mesdames, Plumette a plus de confiance dans les cinq douros de dommages-intérêts.

La plate-forme du dôme de Milan est une carrière de marbre, avec pépinière de statues. Certain fonctionnaire, un quart laïque, trois quarts bedeau, y passe sa vie et en fait les honneurs.

Précédé par mon homme sur cette toiture pavée de dalles marmoréennes, je circule sous des arcs-boutants rangés en bataille, formant de longs corridors, et j'arrive à l'extrémité de la promenade égayée par les bas-reliefs qui décorent chacun des arceaux.

— Ecco, Signor, el erbaggio!

— De quel jardin potager parlez-vous, Custode? J'ai beau plonger sur la ville, j'y vois des maisons, des coupoles, des passants gros comme des fourmis, mais pas plus de culture maraîchère que sur notre place Bellecour, à Lyon.

— Par ici, Excellence, ici même; sur les bas-côtés.

Imaginez-vous, lectrices, deux ou trois mille tiges de marbre blanc couronnées de plantes et de végétaux, tiges dont la pointe s'épanouit en choux-fleurs, se modèle en artichauts, se gonfle en cantaloups ou s'amincit en asperges; un parterre dessiné sur les épaules d'une cathédrale; des légumes fouillés dans le Carrare.

— Custode?

— Signor!

— On en voudrait manger de votre hortolage. Quels éléments pour un dîner de Vendredi-Saint?

— Si le cœur vous en dit! *Mà*..., gare aux dents!

De la plate-forme je monte par un escalier en spirale, brodé à jour, passablement vertigineux, jusqu'au balcon de la flèche d'où jaillit encore le pyramidion portant une Vierge colossale en cuivre doré.

Comment, diantre ! a-t-on pu décider la Madone à faire son *Assomption* sur cette pointe d'aiguille ? Comment se tient-elle debout en ce poste aérien ? Si ce n'est pas un miracle, c'est tout de même un prodige.

Du haut de ce belvédère, contemplons, Mesdames, un tableau féerique. A nos pieds, sous un ciel bleu, se déroulent les plaines de la verte Lombardie encadrée, ici par la chaîne des Apennins fuyant vers Naples pour s'aller noyer dans la mer d'Ionie, là, par le rempart des grandes Alpes jalonnées de neiges et d'éternels glaciers, depuis notre vieil ami le Mont-Blanc Franco-Savoyard, jusqu'au Stelvio le Mont-Blanc Tyrolien, tous deux veillant sur le Mont-Rose, le Gothard et le Bernina. Que de souvenirs dans de tels noms !

Voyons ! voyons ! n'ai-je rien oublié ? Si fait. Tant dessus que dessous ou dedans, le dôme de Milan abrite une population de quatre à cinq mille habitants. Plus qu'une honnête sous-préfecture. Il lui en manque environ deux mille, qui, pour venir au monde, n'attendent que le ciseau du sculpteur.

LE MUSÉE DE BRÉRA

Riche incontestablement, mais ne peut se mesurer avec Florence, Rome et Venise.

Deux toiles hors concours. — De Bernardino Luini, vieux peintre du quinzième siècle à peu près inconnu chez nous, *sainte Catherine morte, portée par les anges.*

Quelle grâce ineffable ! Un groupe de séraphins au vol respectueux enlève silencieusement le corps frêle et immaculé de la sainte patronne des fillettes qu'on dirait en extase. Ils traversent les airs, légers comme un souffle, en contemplant cette belle et douce vierge dont la mort n'a pas altéré les traits.

De Raphaël. — Mariage de la Madone. *(Lo Sposalizio.)*

Quelle fraîcheur de sentiments! quel parfum d'élégance et de modestie! L'aurore d'un génie qui prend son envolée. L'exécution est timide encore. La jeune épousée est émue, d'une angélique pudeur. Expression naïve de bouderie chez les aspirants dont la baguette n'a pas fleuri et qui faute du lys biblique se voient distancés par l'humble charpentier de Nazareth.

Peinture adorable, oui, Mesdames, mignonne, toute mignonne. Elle respire la grâce juvénile, l'innocence et l'amour d'un adolescent, de celui qu'ont sacré quatre siècles d'admiration..... le divin Raphaël!

BIBLIOTHÈQUE AMBROISIENNE

Cent mille volumes, quinze mille manuscrits : je n'en ai pas ouvert un seul. Par contre, à moi comme à tout visiteur, un bibliothécaire de l'endroit m'a fait voir sous les vitrines, au milieu d'une cour littéraire nombreuse et de grande allure, le Virgile de Pétrarque du quatorzième siècle, illustré de miniatures, par Simone Memmi, l'un des précurseurs de la Renaissance et couvert de notes marginales par le soupirant de Laure, par le chantre de Vaucluse.

L'amour a semé d'autres autographes dans la serre de l'Ambroisienne, notamment la célèbre correspondance de Lucrèce Borgia, cette fille du pape Alexandre VI, cette terrible duchesse de Ferrare, cette gaillarde qui, aux jours de notre vingtième année, nous faisait si belle peur dans le drame de Victor Hugo, avec son *innamorato* le cardinal Bembo, poëte et lettré du temps.

Lucrèce avait timbré l'un de ses autographes... Mesdames, devinez ?...

— D'un sceau ducal armorié ?...

— Non, Mesdames.

— D'une fleur, une pensée ?...

— Pas davantage.

— Alors de quoi ?...

— ... D'une belle et blonde mèche de ses cheveux !!!

Et ce sont les conservateurs de l'Ambroisienne, des moines, des Bénédictins, je crois, qui *conservent* et font voir la relique aux amateurs.

C'est égal, des lettres, des *poulets* de 1503, avec accroche-cœur à la clé... cela fait rêver !

LA CÈNE DE LÉONARD DE VINCI

Assurément, c'est la fresque dont le burin s'est le plus occupé. Merci au burin ! Car avant qu'il soit peu, le chef-d'œuvre du grand Léonard aura vécu.

C'est dans le réfectoire de l'ancien couvent *delle Grazie* que se laisse admirer encore cette noble ruine de l'art. On lui a fait des misères inimaginables. Des soldats ivres — hélas ! des Français — histoire de rire, l'ont criblée de coups de fusil ; de prétendus restaurateurs l'ont massacrée à coups de pinceaux. Jusqu'aux Dominicains du couvent, qui ont coupé les jambes du Seigneur et de quelques apôtres ses voisins de table, pour ouvrir une porte de leur réfectoire à la cuisine. A son tour, l'humidité se coalise avec la barbarie. Tout semble avoir juré haine et mort à la fresque immortelle qui bientôt, je le répète, n'existera plus qu'à l'état de fantôme.

N'y a-t-il pas, je vous le demande, ô miséricordieuses lectrices, une étrange et mélancolique destinée dans cette peinture dont les teintes pâles se fondent entre elles et ne formeront bientôt plus qu'une harmonie lointaine dont l'écho s'en ira mourant?

SAN AMBROGIO

Portons notre carte à San Ambrogio, vénérable basilique, vieille de quatorze cents ans. Peste! un bel âge pour une *chiesa* qui n'est pas de Ravenne.

C'est là que le saint évêque Ambroise eut le *toupet* de fermer la porte du sanctuaire à l'empereur Théodose qui dut se soumettre à une grosse pénitence publique comme rançon de certains péchés mortels et politiques sortis de ma mémoire.

Palsambleu! me disais-je en un jour de réflexions cléricales, qu'est devenue cette fière attitude de l'Eglise? Si les Ambroise du dix-neuvième siècle fermaient aux puissances du jour l'entrée du sanctuaire, nous savons d'avance ce que leur fermeraient à double clé les puissances du jour.

San Ambrogio est un musée d'antiquailles précieuses : L'autel où saint Augustin fit son abjuration, le *Paliotto,* devant d'autel en or, merveille d'orfévrerie du dixième siècle, des mosaïques du neuvième, et dans la grande nef, pendu à une colonne comme un fouet de poste, le redoutable serpent d'airain qui doit siffler au jour du jugement dernier.

— Veramente, custode?

— Si Signor! Le même que Moïse éleva dans le désert.

— Farceur de sacristain!

LA SCALA

Si du sacré nous passions au profane... Qu'en pensez-vous, Mesdames?

Le profane aurait mauvais ton s'il se plaignait de Milan. On l'y trouve très honorablement représenté. Les magasins coquets, les toilettes toutes voiles dehors, les cafés resplendissants, les abbés musqués, badine au poing, les orchestres locomobiles, les polichinelles en plein vent, la galerie monumentale Victor-Emmanuel, l'arc du Simplon, les yeux assassins des petites Milanaises à croquer sous leur mantille de dentelle noire, les théâtres, la Scala!..

La Scala! rêve du ténor, terre promise de la Prima donna!... Etre ou avoir été de la Scala!... Après, il n'y a plus qu'à tirer l'échelle.

A quoi bon, Mesdames, vous dire ce que vous savez autrement mieux que Plumette et son Barnum? Les théâtres italiens sont taillés sur un autre patron que les nôtres. On n'y connaît ni galeries découvertes, ni balcons. Les fauteuils d'orchestre, le paradis, deux mythes.

Quatre ou cinq rangs de loges s'étagent les uns sur les autres. Autant de loges, autant de petits salons où l'on cause, où les visites se reçoivent et se rendent, où les audiences intimes sont ménagées.

Le parterre (*Platea*), distribué en stalles confortables, est sillonné de couloirs permettant au spectateur de circuler sans détériorer les cors du voisin, sans cheoir sur les genoux de la voisine.

Mieux que nous peut-être les Italiens entendent le côté artistique d'une représentation théâtrale. Neuf fois sur dix (tout au moins en 1862), la soirée se composait d'un opéra et d'un ballet. Au lieu de mettre le ballet à la queue de l'opéra, on l'emprisonnait entre deux actes de chant — double avantage, — les pirouettes faisaient diversion aux roulades. Tous y trouvaient leur bénéfice, le larynx du chanteur comme les oreilles du public.

Une seule occasion m'a été offerte de trouver la clé aux portes de la Scala. Pour dix années de supplément au purgatoire je n'aurai pas manqué de m'y aller damner un peu.

L'affiche annonçait l'inévitable *Trovatore* de Verdi. Je n'en dirai pas un traître mot. Le Trovatore est une œuvre pour laquelle je n'ai jamais pu m'enthousiasmer.

Que voulez-vous, Mesdames ? l'humanité ne saurait s'affranchir d'antipathies préconçues, pas plus que d'affections spontanées. Comment naît une sympathie ? Comment se révèle-t-elle ? Pourriez-vous me le dire ? Cela pénètre de toutes parts. Le crépuscule devient lumière, la lumière éblouissement.

Bon ! me voici perdu... Oui, Mesdames, perdu dans ce Milan que je connais à peine... C'est bien fait. Pourquoi divaguer ? Indiquez-moi de grâce le chemin de la Scala ? J'y suis !.. bien !... merci !...

L'affiche promettait donc le Trovatore, et pour entremets, la *Mort de César*... Un ballet d'action.

La mort de César ! Brutus, Cassius, Lépide, ces derniers des vieux Romains. Pardieu ! Cela déroutait mes notions en chorégraphie. A peine connaissons-nous en France le ballet héroïque dont la danse est l'accessoire.

La *Prima ballerina* n'exécute pas comme chez nous ces roulades, ces vocalises, ces points d'orgue enlevés sur la pointe des pieds ; elle ne tire pas aux avants-scènes ces fusées volantes et assassines d'œillades qui surprennent, ravissent et font, par exemple, qu'un bachelier de la ville vendrait père, mère et son âme en bloc pour baiser le bout des ailes féeriques qui l'emportent au septième ciel.

Non. L'action est tout. La pantomime règne et gouverne en souveraine absolue. Le plus tragique des drames se déroule, s'enchevêtre, se dénoue en gestes et en musique. C'est plaisir à voir la régularité, la précision géométrique, la conscience d'une centaine de braves gens qui se trémoussent en cadence et prennent fait et cause pour la *Povera Donzella* contre le tyran *crudele e barbaro*.

Pas si facile qu'on le croit de figurer dans un ballet héroïque ou non. J'en sais quelque chose. Ne vous ai-je pas, Mesdames, fait pressentir certaine chronique semi-scandaleuse ? Je n'osais pas. Plumette a vaincu mes scrupules.

— Maître ! Autant conter de suite l'équipée. Bah ! on n'y pensera plus...

C'était, s'il m'en souvient, en 1836. On venait de monter au grand théâtre de Lyon, *Gustave III*, l'opéra d'Auber.

Vous êtes, ô jeunes et gracieuses grand'mères, d'un âge à n'avoir pu entendre ce Gustave trop vieux pour votre *automne*.

Notre illustre compositeur national a fait mieux que cela, oui certes!... Mais il y avait le bal masqué du cinquième acte — une féerie à l'emporte-pièce — et dans ce bal le galop !!! Galop légendaire qui fit grincer les pianos et électrisa les jambes de toute une génération.

Laissez-moi vous le dire, Mesdames, à ce moment j'étais quelque peu clerc dans une étude lyonnaise et pour collègue, pour *copin* j'avais un excellent garçon *Gustave...* (comme le héros de l'opéra suédois). Gustave S.., qui ne songeait pas alors à mourir, ainsi qu'il est mort, secrétaire général de la plus grande de nos préfectures, sous certain grand Baron que Paris aurait volontiers pendu, si Paris n'eût réfléchi qu'en somme il valait mieux en faire le parrain d'un boulevard.

Or, un matin S... vient éclater à la porte de l'étude comme un obus essoufflé.

— Ah ! pour le coup... en voilà une bonne ! Tu ne sais pas ?

— Quoi ?

— Une nouvelle à faire dresser les cheveux sur la tête !

— On a tiré sur le Roi ?

— Si ce n'était que cela !

— Comment ? si ce n'était que cela !.. Régicide !

— Eh non, bêta !.. Tu sais le directeur du Grand-Théâtre...

— L... ?

— Oui, L..., jaloux de...

— Sa femme, l'étoile du ballet...

— Ne me coupe donc pas...

— Va, mon vieux !... Couper un camarade..., jamais.

— Je disais donc que, jaloux d'ajouter au ballet de Gustave une splendeur..., une splendeur...

— Asiatique ?...

— Asiatique... Mon mot que tu me *chipes.*

— L... délivre des billets de faveur...

— Et Madame ?

— Tu m'embêtes... à certain nombre de jeunes gentils-hommes connus dans la finance ou le barreau...

— Pour?

— Pour illustrer la cour de Stockholm...

— Blague ! Et ça coûte ?

— Rien...

— Double blague...

— Que non pas... Et si tu veux...

— Si je veux?... Nom d'un petit bonhomme ! Voir gratis comme je te vois... la petite.

— Et la grande !

— Et la grosse !

— Des actrices !!!

— Ecrivons, mon noble ami... Ecrivons, s'il le faut, sur le papier timbré du patron... Une requête *grossoyée.* Que risquons-nous ?

— Et d'ailleurs, ainsi que dit l'Evangile, qui ne risque rien n'a rien.

Deux jours après, réponse de la Direction : « Messieurs « S... et V... sont priés de se présenter le surlendemain

« au théâtre de six à sept heures du soir pour *assister* « au ballet de *Gustave*. Ils voudront bien se procurer à « leurs frais des costumes de caractère. La Direction « compte sur la bonne tenue, sur les belles manières de « Messieurs S... et V..., classés dans l'élite des jeunes « aspirants au notariat, etc., etc. »

Nantis de cet ordre de début, on loue au *père Blod*, costumier héréditaire du théâtre, S..., petit, mince et fluet, un domino de satin noir; V..., plus haut en pattes, la défroque d'un vieux bailli, compatible avec les bésicles qui sont la moitié de lui-même.

Pour nous monter la tête, nous dînons à trois francs tout compris, ce qui, pour l'époque, était du Lucullus et, nos escarpins dans la poche, nous montons au capitole de la place de la Comédie... entrée des artistes!

Nous n'étions pas seuls à affronter la rampe. Une quarantaine de surnuméraires, comme nous, se trouvaient là. Dans leurs rangs, pas mal de figures amies ou connues. Oh! la joyeuse phalange! Oh! les explosions de rires juvéniles! Oh! les allures de conquérants!

Au premier entr'acte, on nous fait descendre sur la scène. Victimes d'une obscurité relative, certains néophytes dégringolent au troisième dessous. Un détail. Le régisseur explique l'ordre du jour. Nous ne devons paraître aux regards d'un public *idolâtre* que dans l'acte du bal masqué, nous serons groupés au dernier plan dans la foule des seigneurs scandinaves. Libre à nous, si le cœur ne faiblit pas, de prendre part au défilé, même au galop final. Régisseur, vous avez raison!

La toile se lève enfin sur ce fantastique cinquième acte. L'éclat des feux de la rampe, le rayonnement de la salle, ces deux mille têtes dont les regards fascinent, les lustres, l'orchestre, les épaules, les maillots... que sais-je ? Tout pousse au vertige; nous tenons bon.

La marche se met en train, le défilé se fait. Il ne s'agit que de poser un pied devant l'autre. Sur mesure à deux temps, rien de plus élémentaire. Après la promenade, les pas de deux, de trois, de quatre, les coryphées, les étoiles... Tout cela n'est pas dans notre engagement.

Enfin l'archet du *maëstro d'orchestra* frappe le signal du galop :

— Allons, S..., voici le moment de se montrer.

— Cachons-nous !...

— Poltron ! En avant ! Le galop est tiré, il faut le boire. En avant !

Et nous prenons notre élan. Le premier tour va bien, le second laisse à désirer. Au troisième, le domino noir et le bailli font des vœux pour franchir le cercle de la ronde infernale. Derrière eux, les voix éraillées d'une écossaise et d'un tyrolien, évidemment deux sylphes — de la maison — nous crient avec rage :

— Plus vite ! s.... charrette. Plus vite !

— Nous ne pouvons pas.

— Allez donc !

— F..... nous la paix !

— Mâtin ! Vous allez rompre la chaîne..., hue donc ! hue !

— ???..... (Ton mot, ô Cambronne !)

— Ah ! c'est comme çà ! Vlan !!!

Un coup de pied, que dis-je ? Ils étaient bien deux, le frère et la sœur. Oui, Mesdames, deux ignobles coups de pied *là*....., en plein *là*, nous coupent la parole et, aux applaudissements du paradis théâtral qui croit à un jeu de scène, nous envoient, S... et moi, rouler dans la coulisse.

Oh! oh! Seigneur, mon Dieu! Aller chercher deux coups de pied masqués à la cour de Stockholm! quelle misère!

Le plus sage était de dissimuler, de dévorer en silence notre... c'est-à-dire leur voie de fait. — La danse n'était pas dans nos moyens.

Nous les réservons pour le coup de pistolet d'Ankarstrœm à Gustave III, qui en meurt à la dernière mesure de sa cavatine. Notre revanche est prête. Gestes dramatiques, désespoir sans égal, indignation forcenée; tout, Mesdames, nous fait monter presqu'à la hauteur des vieux Romains de la *mort de César* sur les planches de la Scala, auxquelles je reviens après ce zigzag à grande révolution.

Je n'avais rien dit au foyer paternel de ma vocation tardive. Le hasard voulut que *papa* se trouvât au parterre, qu'il vit très bien l'épisode du galop, qu'il en rit à gorge déployée et que le lendemain il en riait encore au déjeûner de famille.

Pauvre père! pouvait-il deviner qu'il avait été frappé lui-même dans les..... œuvres vives de son fils?

La Scala était, vers 1862, réputée le plus vaste théâtre du globe terrestre. Cette réputation a dû sombrer devant le nouveau *Lycœum* sur la *Rambla* de Barcelone. Quel Champ de Mars? La Scala tiendrait à son aise dans ses flancs démesurés. Si je retournais là-bas, je laisserais ma jumelle impuissante à la *Fonda des quatre nations* qui fait vis-à-vis au Lycœum, et j'irais emprunter un grand télescope astronomique à l'observatoire royal du chef-lieu de la Catalogne.

Nous sommes en Italie, lectrices! — à peine en Italie — et déjà les habitudes, les relations, les usages n'ont pas toujours ce décorum, cette fleur de délicatesse, cette dignité de soi-même qu'on trouve encore chez nous.

La veille de partir pour Venise, j'avise sur la place du Dôme, en face de la cathédrale, une boutique de gravures et de denrées photographiques. J'entre. Une jeune dame, brodant des pantoufles, me reçoit en français :

— Que désire Monsieur ?

— Cinq ou six vues de Milan. Souvenirs de voyage!

— Voici. Donnez-vous la peine de choisir.

Le choix fait :

— C'est tout ce que prend Monsieur ?

— Tout, Madame.

— Si Monsieur désirait une petite collection de photographies artistiques.....

Ma pensée se reporte au musée de Brera, au Sposalizio de Raphaël, à la Cène de Vinci.

— Comment donc, Madame? mais avec plaisir. Voyons!

Alors ma jeune marchande m'étale une variété de pécheresses dans la toilette primordiale d'Eve notre aïeule, avant..... le drame de la pomme. Du réalisme à mettre en déroute tout un séminaire d'étudiants en théologie.

— Nous avons mieux que cela.

— Encore mieux, Madame ? Diantre! la chose me semble difficile.

— Si fait, Monsieur, des sujets *artistiques* à plusieurs personnages.

— Adam et Eve ? Merci, Madame. Je m'en tiendrai aux monuments.

— Monsieur a tort ; nos objets d'art sont très jolis.

— Infiniment jolis.

— Les épreuves très réussies.

— Réussies admirablement. Mille grâces, Madame ! A l'honneur de vous revoir !

Et le honteux négoce se traite au grand jour, et la police ne souffle mot. Et la jeune négociante m'avait fait l'*article* de sa voix la plus douce, la moins émue, de son regard le plus limpide, tandis que nous rougissions, Plumette jusqu'au fond des yeux; moi, son maître, jusqu'au bout du faux-col.

Et cette dame était jeune, jolie, modeste, épouse à coup sûr, mère de famille probablement, dévote peut-être, mais inconsciente. Voilà les mœurs !

Oh ! bonne Sainte Vierge ! que faites-vous donc là-haut, sur la pointe de votre aiguille de marbre?

---

§ III — VENISE

La haute Italie est un Eden. Campagnes luxuriantes, lacs du plus bel azur, montagnes, derniers contreforts des Alpes, adorablement prises dans leur taille mignonne. Nulle part, un tel concours de villes possédant, à des titres divers, une place distinguée dans la géographie historique depuis Strabon jusqu'à Monsieur Malte-Brun. Bergame, Brescia, Vérone, Mantoue, Vicence, Padoue, que sais-je encore? Autant de jalons kilométriques alignés le long des soixante lieues qui séparent Milan de Venise.

On ne saurait faire escale dans chacune de ces nobles cités, ni même les effleurer toutes. Procédons à un tirage au sort, comme pour les obligations du P.-L.-M.

Voyons, Mesdames, que l'une de vous daigne plonger dans l'urne cette main gantée que votre conteur ne serrera jamais, hélas!

Padoue! Vérone!

Eh! eh! La main pouvait choisir plus mal. Va pour Vérone et Padoue!

VÉRONE

Nous frappons à la porte d'une ville dont l'antiquité se perd dans la nuit des temps. Nous foulons une terre travaillée par tous les miracles de l'histoire. Marius y défit les Cimbres, Charlemagne y assiégea Didier, roi des Lombards, et la prit d'assaut. Les Scaliger et les Visconti en furent tour à tour les tyrans. Les Montaigus y exécrèrent les Capulets et les Capulets y massacraient périodiquement les Montaigus.

Mon Dieu! Mesdames, je prévois ce que vous allez objecter. Juliette y fut aimée de Roméo, et, grâce à cet amour, il sera pardonné beaucoup à Vérone, autant qu'à la Madeleine.

D'aucuns — de mauvaises langues — ont beau soutenir que Juliette et Roméo ne se sont jamais aimés que dans le cerveau de Shakespeare, que le chant de l'alouette est un canard, le sommeil du tombeau un cauchemar.

Cela prouverait une chose : que si l'histoire ressemble quelquefois au roman, il s'en faut souvent de peu que le roman prenne les allures de l'histoire. Les créations du génie sont aussi vivantes que celles de l'amour qui en est le fournisseur patenté; elles sont, de plus, impérissables lorsque la raison ne s'en mêle pas.

C'est pourquoi le souvenir des deux amants plane et planera toujours sur Vérone jusqu'à la consommation des siècles.

Le tombeau de Juliette se voit dans l'ancien cimetière des Capucins, que le malheur des temps a transformé en jardin potager. De pauvres diables en ont fait un lavoir. Il faut toute la bonne volonté du romantisme pour trouver de l'émotion devant cette auge de pierre utilisée pour la lessive.

Un jour, dit-on, escortée de sa gouvernante ou nourrice, une jeune miss descend à l'Hôtel Impérial et Royal des *Deux Tours*. Elle tenait religieusement à la main un livre à couverture de velours bleu duquel elle ne se séparait jamais.

Le lendemain, on ne trouve la blonde insulaire ni dans sa chambre, ni dans l'hôtel, ni dans tout Vérone. Disparue ! On court au Podestat. La gouvernante prend la parole :

— Milord maire !... Ce était une jeune Anglaise dont je avais le gardement.

— La garde ?

— Aho ! yes ! le gardement.

— Et vous l'avez perdue ?

— Yes ! Je avais perdiou... totalement.

— Un amoureux !.. Quelque prince italien... On aura enlevé votre demoiselle...

— No..., no..., Milord-Maire... By good ! On aurait mieux enlevé moâ !..

— Quel est, signora, le livre précieux que miss porte toujours avec elle ?

— Notre grand Shakespeare !..

— Per dio ! nous tenons notre affaire... Quatre hommes et un caporal !... Au cimetière des Capucins !... Subito !... Subito !... Ma brave dame ne pleurez plus votre biche égarée... Rentrez à l'hôtel et faites bassiner son lit...

L'escouade court au cimetière et que voit-elle ? Miss en peignoir de mousseline blanche, en souliers de satin, les cheveux épars, attendant, couchée dans le cercueil de Juliette, ce jour-là sans emploi, en grève de blanchissage, un idéal Roméo rêvé en pleins brouillards de la Tamise.

Les paupières étaient fermées ; les mains raides et

froides croisées pudiquement sur la poitrine serraient le livre à couverture bleue; sur les traits une sorte d'extase.

Par bonheur la Juliette de Regent-Street ou de Piccadilly n'en était pas encore à son dernier sommeil. Aux cris des sbires combinés avec les cris de la nourrice accourue, Miss se réveille. Pâle et glacée, on la transporte aux *Deux Tours*... Elle en fut quitte pour une courbature... Shakespearienne.

Il n'y a plus guère que les imbéciles ou les compatriotes du Grand William pour aller en pèlerinage au tombeau de Juliette. Je me mis en garde contre cette cuve à lessive. Ne croyant pas déjà tant aux amants de Vérone, j'aurais été capable de n'y plus croire du tout.

Vérone a mieux que cela, de plus authentiques beautés, par exemple :

1° L'amphithéâtre romain, l'un des plus vastes entre la douzaine d'hippodromes auxquels j'ai laissé ma carte de touriste tant en France qu'en Italie.

A l'heure crépusculaire où je lui portai celle de Vérone, le monument présentait un aspect auguste et solennel. L'intérieur est admirablement conservé. De l'enceinte extérieure il reste quelques arcades isolées, énormes fragments moussus, tapissés de lierres et de saxifrages. Vieilles pierres couronnées de jeunes fleurs !

Horribles imprécations à l'adresse des forgerons, des *ferrailleurs*, des cordonniers en vieux auxquels la municipalité Véronaise, digne ancêtre de... (ne parlons pas politique, voulez-vous, Mesdames ?) auxquels, disons-nous, pour se faire des rentes, la municipalité prostitue les vomitoires en marbre gris du vénérable cirque de l'empereur Dioclétien.

2° Les cinquante églises ou chapelles, égales pour la plupart en sainteté et en toiles de Paul Véronèse, enfant gâté du pays, mais sans architecture digne de mentions honorables. D'autres assez remarquables à ce point de vue, une absolument hors concours... *Saint-Zénon !*

La légende veut que cette vénérable *chiesa* ait été fondée au neuvième siècle par Pepin II, fils de Charlemagne. On n'ôterait pas de la tête des Véronais que le héros y est enterré. Plumette, une érudite, n'en croit rien.

Portail élégant sur lequel fait saillie un petit porche soutenu par deux colonnes que portent fièrement sur leur dos une paire de lions accroupis, animaux chimériques apocalyptiques comme la main du père Eternel n'en a jamais créés. Des bas-reliefs en marbre d'un style barbare décorent la façade. Les sujets y sont naïvement en contradiction avec le sixième commandement de Dieu.

Le visiteur descend aux nefs par une rampe de quinze marches et remonte au chœur par une rampe égale. Cette singularité vient de ce que Pepin, fils de Charlemagne, fit creuser sous le sanctuaire une crypte dans laquelle sont déposées les reliques de saint Zénon, évêque et patron de Vérone.

Au fond de l'abside, adorable peinture du vieux Mantegna, l'un des apôtres de la Renaissance. Elle revint de Paris après la chute de l'Empire; j'aurais, à sa place, fait l'impossible pour rester au Louvre.

Entre autres excentricités locales, le custode m'exhibe une immense cuve de porphyre servant de bénitier et pouvant servir de piscine ou d'école de natation.

— *Tutta di porfido, Signor !* C'est le diable lui-même qui l'a transportée ici sur l'ordre de saint Zénon, ainsi que le prouve l'inscription qu'y a fait graver.....

— Le diable?

— Pas le diable.

— Saint Zénon?

— Pas saint Zénon... Le saint a bien d'autres soucis.

— Qui donc, alors?

— Le révérend père Supérieur de notre communauté.

— Assez, custode! assez, *Credo! Credo!*

Il faut tout de même que Satan aie les reins solides, ou le saint Evêque un crédit illimité dans le royaume des cieux.

Telle qu'elle est, la basilique de saint Zénon reste classée dans mes souvenirs au rang de celles de Ravenne. C'est tout dire.

3° La place *dei Signori*, la place *dell'erbe*, forums de la vieille République Véronaise, bordées de palais renfrognés, faisant peur rien qu'en les voyant, la porte *Borsari*, arc de triomphe remontant à l'empereur Vespasien. Elle ne s'en porte pas plus mal.

4° Les tombeaux gothiques des Scaliger (Della Scala), seigneurs de Vérone au quatorzième siècle. Leur disposition, la même pour tous. Le héros est sculpté deux fois, couché d'abord sur son cercueil comme sur un lit de parade, puis on le revoit à la cîme de sa pyramide, armé de toutes pièces, sur son cheval de bataille couvert d'une housse funéraire. Tout ceci, même en y comprenant les grillages en fer qu'on dirait élastiques, est très original, très fier, très artistique et très vieux.

Ce qui témoigne à la postérité que les Scala, que leur chef Can Grande Ier étaient de magnifiques seigneurs, mais ce qui ne prouve pas qu'ils ne fussent aussi de magnifiques gredins. Au cours de cette dynastie, qui dura plus d'un siècle, traditionnellement les frères égorgeaient les frères, les neveux leurs oncles, les bâtards leurs parents nés en légitime mariage, et cela tout de but en blanc, au premier carrefour, sans crier gare ni merci !

Le souvenir de ces drames de famille et de ces luttes intestines répand je ne sais quels reflets de tragédie sur Vérone, cité féodale et sinistre. On y respire, dirait-on, une buée de sang. Les ponts ont des créneaux, les palais des mâchicoulis ; les eaux de l'Adige donnent le frisson. Le soir, on s'imagine entendre des cliquetis d'épées et quand, au café *Squarzone, piazza dei Signori*, on a savouré de ces glaces qui n'ont de rivales qu'à Naples, le mieux, avant qu'il se fasse tard, est de s'aller coucher, non pas à l'anglaise dans le cercueil de Juliette, mais dans un des lits de l'hôtel des Deux-Tours où il y a place pour quatre.

Un peu plus, maladroit ! un peu plus, j'oubliais le Dante et l'hospitalité royale qu'il trouva dans le palais de Can Grande della Scala, cette hospitalité immortalisée dans les vers du poète, les plus attendrissants que la proscription ait jamais inspirés.

— Combien est amer le pain de l'étranger ! Combien il est dur de monter et descendre l'escalier d'un autre !

Oui, Mesdames, dur l'exil quel qu'il soit. Exil de la patrie ! Exil du cœur !

PADOUE

Padoue qui fait remonter son acte de naissance à plus

de trois mille ans, semble au premier abord triste et maussade. Etroites et tortueuses, ses rues sont cuirassées de galeries en arcades, permettant au promeneur de cheminer à l'ombre. Tant de portiques lourds et trapus font naître la pensée d'une série de cloîtres soudés l'un à l'autre.

Malgré tout, je me déclare Padouan forcené. C'est que Padoue est encore une de ces villes du Moyen-Age où volontiers le promeneur regrette le haut-de-chausses, le pourpoint de velours et la toque de plume flamboyante.

Padoue est un reliquaire. Son Université a grand renom. Une jeune fille, *Elena-Lucrezia Cornaro* y reçut, au dix-septième siècle, la barette de docteur. Cinq langues, Mesdames! le français, l'espagnol, l'hébreu, le grec, le latin... et de la théologie et de l'astronomie... quoi encore? Tout, hormis le code du mariage.

Padoue lui devait une statue; elle l'a, sous les voûtes même de *son* Université.

Voir tout Padoue serait long; le dire, fastidieux. Prenons dans le tas une église, un oratoire, un palais, un café.

L'Eglise. — Saint Antoine de Padoue, la vraie cathédrale, bien que l'Evêque siège ailleurs, car pas un élu du paradis ne saurait se mesurer avec le saint par excellence. *Il Santo !* Les autres ne comptent pas.

Nicolas de Pise (1307), fut l'architecte de cette immense et splendide basilique gardée par le groupe équestre de certain *Gattemalata,* condottiere *di primo cartello,* coulé en bronze par Donatello, le grand statuaire du quinzième siècle.

Sous les sept coupoles semi-orientales qui la couronnent s'entassent merveilles sur merveilles créées par l'art chrétien, inspirées par l'universelle dévotion.

La chapelle de saint Antoine éclipse tout l'entourage. Sansovino, le lieutenant de Michel-Ange, y a épuisé son double génie d'architecte et de sculpteur. Au milieu se dresse un autel de granit renfermant le corps du Santo. Trois lampes d'or massif, vingt-quatre en argent éclairent cet oratoire, son luxe de bas-reliefs et son opulence indescriptible.

Du matin au soir, des processions de fidèles viennent palper le tombeau de leurs mains tremblantes d'émotion, de foi, de pieux fanatisme.

Les hommes s'y trouvent en majorité. Car — observation que très souvent j'ai pu faire en Italie — le sexe qui n'est pas le plus beau, le mien conséquemment, hante la maison du Seigneur autant que le vôtre, Mesdames, sinon plus. Tout le contraire chez nous. Croyances naïvement héréditaires, athéisme de la science et de la raison, qui l'emportera?

En furetant, j'aperçois un moine — le percepteur du Santo — assis devant son bureau. Le révérend Padre additionnait la recette du jour, empilait lires sur lires. Passez à la caisse !

J'y ai passé deux fois. Le passage ne m'a pas réussi.

A peine est-il permis d'ignorer que saint Antoine de Padoue est un spécialiste pour retrouver les objets perdus ou volés, et qu'il opère trente miracles par jour, pas un de plus, pas un de moins.

Or, à deux reprises, je me suis recommandé au Santo, d'abord à l'occasion d'un emprunt forcé fait un beau jour — beau par antinomie — à mon portefeuille saigné aux quatre veines, et, de plus, en vue d'une casquette égarée l'avant-veille au chemin de fer entre Milan et Brescia.

Il faut que dans mes deux consultations je sois venu le trente-unième, puisqu'il n'y eut pas de miracle à mon bénéfice, et cependant je n'avais pas lésiné sur les frais.

D'où il suit que je n'ai plus çà... çà de confiance en saint Antoine de Padoue, bien que je ne veuille pas, pour si peu, le chasser de sa basilique digne à tous égards d'être le vestibule de saint Marc à Venise.

L'oratoire. — Santa Maria dell'Arena, petite chapelle du quatorzième siècle, bâtie sur les ruines d'un amphithéâtre romain qui a disparu. On traverse un grand jardin très mal peigné, la propriété, paraît-il, d'un brave Israélite qui s'en fait de bons revenus, et trouve le moyen de gagner gros en montrant aux Gentils la naissance, la vie et la Passion de Notre-Seigneur Jésus-Christ.

Cette minuscule *chiesa* est solitaire, abandonnée, silencieuse. Les bruits de la ville n'y pénètrent pas. Tout y impose le recueillement.

Oh! Mesdames, voici l'un des sanctuaires sacro-saints de l'art, le berceau, l'enfance gracieuse et divine de la peinture religieuse telle que l'a comprise la Renaissance italienne. Sans précédents, du premier coup, par le seul élan de son génie, le Giotto s'élève au sublime. A force de poétiser la matière, il rencontre l'idéal. Quelle pudeur naïve! quelle virginité de sentiments!

L'oratoire entier est couvert de peintures. La voûte, constellée. Au dessus du portail, faisant face au chœur, le Giotto a reproduit, d'après les inspirations du Dante son ami, le premier — par rang d'âge — des jugements universels qu'ait enregistrés l'histoire de la peinture. Il y a là, comme à Saint-Zénon de Vérone, des situations... risquées.

Oh ! le singulier mélange de naïvetés et de gaudrioles dans ce Moyen-Age précurseur de la grande épopée de la résurrection artistique ! On appelait alors un chat un chat. Molière lui-même ne s'en fait pas faute, Molière venu huit générations plus tard.

La chronique raconte que le Dante, visitant les fresques du Giotto, fut frappé de la beauté des figures. Le Giotto n'était pas précisément un Adonis; ses enfants lui ressemblaient. Le poëte, en toute bonhomie, demande au peintre, comment, créant des types aussi gracieux, il se faisait qu'il eût des rejetons aussi laids.

Réplique de l'artiste : *Pingo de die, fingo de notte !..*

Plumette ne se charge pas de la traduction.

Le Palais : La Ragione ou le *Salone*, entre la place aux herbes et la place aux fruits.

Le touriste est introduit dans l'une des salles les plus vastes qu'il y ait à travers l'Europe. Elle ne mesure pas moins de quatre-vingts mètres en longueur, sur une largeur de vingt-huit mètres. La voûte, de forme ogivale, œuvre d'un moine Augustin, est un prodige d'audace et d'élancement. Les fresques sont attribuées au Giotto ou à son école.

Au nombre des bibelots disséminés dans cette petite place des Terreaux couverte, le moins curieux n'est pas assurément le *Petrone*, sorte de bloc en granit noir sur lequel les débiteurs assis *culo nudo* déclaraient publiquement leur insolvabilité. C'était, en ce temps là, non pas à Padoue uniquement, mais aussi chez nous, rue Grenette, et en d'autres *places de commerce*, la manière de déposer son bilan.

Le Café : Prenez le touriste Prudhomme, conduisez-le, Mesdames, à Padoue, il oubliera parfaitement et Santa Maria dell' Arena et les Erémitanis, et Santa Giustina, basilique rivale du Santo, et le palais Fava et dix autres monuments de même renom.

Mais que votre touriste oublie le café *Pedrocchi*... Oh ! pour cela, non.

Un homme se dit qu'il a dans sa caisse un million et dans son cerveau la volonté de le dépenser follement.

— Une idée ! Si je dotais Padoue, ma patrie, d'un café hors ligne, hors nature, d'un café comme on n'en verra jamais !

Et notre homme fait comme *il se dit*. Entre trois de ces rues étroites et tortueuses qui sillonnent la ville, notre homme — leur Pedrocchi — se fait tailler dans le marbre et dans le style pompéïen, l'un des plus grands cafés de l'univers.

Et c'est en vérité l'une des attractions du vieux Padoue. Il renferme le monde entier ; sur les murailles sont peintes les cartes de toutes les régions du globe. L'étudiant de l'Université feuillette cet atlas lapidaire entre la double fumée de son moka et du tabac salé de la régie italienne.

Le soir de ma première visite à Padoue, j'allai, cela va de soi, rendre mes devoirs au café Pedrocchi, voisin de la Stella d'Oro, mon hôtel. Le premier éblouissement dissipé, je demande de la bière...

Je crus que le garçon m'allait dévorer...

— Birra, Signor ! Birra !

— Eh oui, Birra !

— Al caffé Pedrocchi ?

— Pourquoi pas ? On en verse bien *al caffé Casati in Lione !..*

— Casati ?.. Connais pas... J'aurai l'honneur de dire à Votre Excellence, que jamais..., jamais..., goutte de bière n'est entrée au café Pedrocchi, en boks, en choppes, en cruchons..., en...

— Assez, mon ami ! Je ne voulais humilier ni le patron de céans, ni vous... Servez-moi une glace !

Quel aristocrate, ce Pedrocchi !

VENISE

Dès avant Mestre, la dernière station en terre ferme, on voit naître et grandir à l'horizon quelque chose de confus, un monde de coupoles, de flèches et de campaniles. Venise ! Venise ! et malgré soi le cœur se prend à battre.

A Mestre se laissent deviner les premières flaques d'eau intermittentes, les *lagunes sèches* en opposition aux *lagunes vives* qui s'étalent bientôt et sont déjà la mer.

Le train s'engage à toute vapeur sur un pont de quatre kilomètres jeté comme un trait d'union à travers le petit océan vénitien, et, après dix minutes de navigation maritime en voie ferrée, il dépose ses voyageurs à la gare ressemblant à toutes celles de notre connaissance.

Rien d'étrange comme cette entrée à Venise. Le débarcadère ouvre sur l'embouchure du grand canal. Au pied du quai stationnent des gondoles-omnibus qui pour dieci soldi rament dans la direction de la Piazzetta.

Mieux vaut prendre une gondole à la course, un fiacre à deux avirons. Vous embarquez là dedans, vous, vos malles, votre parapluie... Puis, rêveur, ému, vous laisser aller... A Dieu va !...

Ce qui frappe le continental qui n'en a pas l'habitude, ce qui l'attriste même, c'est le silence planant sur la ville des doges... On n'y a jamais vu que sept chevaux, quatre en airain, les fameux coursiers de Corinthe, piaffant sur la galerie de Saint-Marc, un en bronze à la porte de l'église saints Jean et Paul, les deux derniers, non moins bronzés, à l'arsenal. Jamais coupé, landau, camion, tombereau, jamais véhicules à deux ou à quatre roues n'ont ébranlé le pavé de la reine de l'Adriatique. Le vélocipède n'y est pas en vogue. Rien donc de nature à engendrer le tintamarre ; quelques cris de gondoliers ou d'industriels ambulants..., c'est tout.

Les maisons plongent dans l'eau, la porte cochère ouvre sur le canal. De chaque fenêtre jusqu'aux combles on est libre de pêcher à la ligne. Le long des innombrables canaux, sous les ponts qui se croisent et s'enchevêtrent, la circulation des gondoles est incessante de jour et de nuit..., de nuit surtout. Miracle qu'il n'y ait pas vingt naufrages par vingt-quatre heures. Chez nous il y en aurait cent. A chaque *coin de rue* deux gondoles se briseraient les côtes, celles de la pratique par surcroît.

Là-bas, point. Les barcarols sont habiles, prudents, pas tapageurs du tout. Le plus voisin de l'angle d'un canal pousse un petit cri : « *Arri ! Primi !* » Traduction libre ; halte-là ! Je suis le premier ! A ce signal, les confrères doivent stopper et mettre en panne; puis lorsque votre gondole aura doublé le cap, vous serez, Mesdames, engagées dans une flotille de barques qui raseront votre bord sans secousses et le frôleront délicatement comme nous ferions de vos robes de faille sur la plus fréquentée de nos promenades. La crainte des abordages vous ferait pousser des cris de nonnes effarouchées. Cette crainte est inconnue à Venise.

A mon premier voyage, j'avais très carrément brûlé mes vaisseaux. Au lieu de m'aller ensevelir dans quelque albergo de seconde classe, sur un canaletto sans aspect ni lumière, je me fis aborder droit à l'*Hôtel Royal Danieli*, quai des Esclavons, le rendez-vous des têtes couronnées. Rien que cela, Mesdames.

Je le savais d'avance, Plumette s'indignerait, la bourse aurait des larmes dans la voix. Taisez-vous, Pécores ! Que Diavolo ! On ne va pas toutes les années faire la belle jambe à Venise et quant à jeter dans l'Adriatique quelques écus de plus que de raison, bah ! cela finit toujours par se rattraper sur les spectacles, les dîners de garçon, le cercle et l'écarté de l'hivernage.

Ma bonne étoile, devenue hélas ! une nébuleuse, me fit adjuger certaine chambrette bleue au second étage de l'hôtel et là, Mesdames, je fus mis en présence de la plus éblouissante vision à laquelle puisse aspirer le regard d'un homme... même myope.

A droite, le palais des Doges plus arabe qu'italien, la Piazzetta, ses deux colonnes, l'entrée du grand canal, l'église de la Salute et son chapelet de coupoles, la douane maritime, le canal de la Giudecca, un détroit. Par delà le Redemtore, l'un des chefs-d'œuvres chrétiens de Palladio, l'illustre architecte de Vicence; droit en face, la basilique et le campanile de Saint-Georges-le-Majeur, à gauche l'arsenal, les jardins publics, à l'horizon les Arméniens-Mekitaristes, San-Servolo, les lazarets, autant d'îles qui jalonnent la rade, et pour toile de fond le Lido qui, lui seul, a fait user plus de cordes au luth des poètes que l'Italie entière compris Naples et l'Arno; le Lido cette digue providentielle que Dieu a jetée entre Venise, la fille bien-aimée de saint Marc son évangéliste, et les fureurs de l'Adriatique, sentinelle de l'Orient.

Laissez, Mesdames, laissez Plumette donner au tableau son dernier coloris. Le port bruyant, les navires qui entrent, ceux qui sortent par les passes du Lido ou de Malamocco, le sifflet des vapeurs, le bruissement des pavillons qui serpentent au haut de la mâture, les matelots qui chantent, les gondoles qui glissent, la foule bariolée qui se coudoie, le soleil qui darde ses lames d'or jusqu'à l'heure où, mandé en d'autres contrées, il abandonne à la lune le soin de glacer d'argent églises, palais, rades, navires, Lido, jardins, îles et le reste.

Et dites-moi s'il est permis de dresser sa tente autre part que chez Danieli, gouverné de mon temps par un Lyonnais fort hospitalier à ses compatriotes même les plus humbles, tels que votre conteur?

Un soir, j'étais à ma fenêtre en manches de chemise et en contemplation devant la féerie dont Plumette vient d'essayer le scenario, respirant la poésie et la brise de mer à pleins poumons, voisin de la béatitude, quoi!

A certain moment, je vois un groupe se détacher de la foule des promeneurs et faire cercle devant le trottoir de l'hôtel. Des voix sonores partant du groupe se livrent à l'exécution de barcarolles, de mélopées du crû en dialecte vénitien.

Le chœur achevé, je sonne le majordome.

— Ils vont bien, vos gondoliers.

— Parbleu !

— En l'honneur de qui, ce concert au clair de lune ?

— Dame ! Monsieur ne s'en doute pas ?

— Jamais de la vie.

— C'est pourtant bien facile à Monsieur...

— Facile !... Facile !...

— D'autant que la sérénade me semble donnée au 16.

— Mon numéro ?

— Eh ! bien... alors ?

— Voulez-vous bien, majordome, ne pas vous f... de moi ?

— Oh ! voyons, Excellence, aujourd'hui, dans vos courses, n'avez-vous pas eu soif ?

— Une soif de sonneur de cloches.

— N'avez-vous pas dit à vos gondoliers de vous enseigner une trattoria ?

— Oui certes. Ils m'ont fait accoster à la trattoria *del telegrapho.*

— Via San-Paolo ?

— Via San-Paolo !

— C'est çà !

— Comment ? C'est çà ?

— Précisément. Dans le jardin du tire-bouchon, tandis que, sous la tonnelle de vigne, Votre Excellence faisait disparaître une tranche de jambon cru et je ne sais combien de chopes de bière allemande.

— Voyons ! voyons, majordome, vous êtes de la police, n'est-ce pas ? ou du conseil des Dix ?

— ... Votre Excellence a fait servir à ses barcarols du fromage et deux fiasques de notre bon vin d'Istrie.

— Ecoutez donc... Il faisait si chaud..., si chaud...

— Je disais bien à Monsieur. C'est çà !

— Vous y tenez, majordome ? d'accord. Mais j'y suis de moins en moins.

— Eh oui ! vos gondoliers n'ont pas chaque jour de ces aubaines, et flanqués de deux ou trois camarades, ils viennent remercier Votre Excellence.

— Ah ! sacrebleu !... Majordome, portez-leur vite ceci ! Dites-leur combien je suis reconnaissant, touché, etc., etc.

Le concert dura jusqu'à minuit. Le lendemain, je reçus de Fabio, l'un de mes hommes, l'assurance que ma fastueuse largesse avait été condamnée, sans appel, à deux heures de torture à la trattoria *del telegrapho* et qu'elle n'en était pas revenue.

Oh ! Mesdames ! les bonnes natures en général, ces gondoliers, polis, attentifs, sensibles à la plus frêle sympathie, et pas chers.

Devinez le prix de revient d'une journée de gondole à deux rameurs ? Dix francs, tout compris ! Inexorable dans ses chiffres, le tarif est là. Notez que, sans suppléments, vos barcarols s'improvisent cicérones, vous montrent du doigt les églises, les palais, les monuments, vous content la légende de leur vieille et bien-aimée Venise.

A mon voyage d'initiation, de mes deux gondoliers l'un était vieux ; l'autre — Fabio déjà nommé — n'avait pas trente ans, cheveux noir d'ébène, traits d'une incomparable finesse, yeux énergiques et profonds, type entrevu dans les *Pêcheurs de l'Adriatique*, cette page immortelle de Léopold Robert que bientôt — à Venise même — une mystérieuse fatalité devait précipiter dans le suicide.

Je remarquai l'obstination que mettait mon jeune gondolier à traverser à tout propos certain petit canal que rien d'ailleurs ne signalait à la curiosité d'un touriste. Une fois là, Fabio lançait des fusées de notes, se livrait à une véritable frénésie de trilles et de vocalises.

A ce signal, une tête blonde venait encadrer son petit museau à la fenêtre d'un troisième étage.

— Ah ! gaillard !

— Pardon, Excellence ! La Catarina !

— Bene, Bene ! Capisco !

Lorsque, deux années plus tard, je retombai chez Danieli, mon premier soin fut de retenir mes barcarols de 1862. (Les hôtels de première volée ont leurs gondoliers comme en terre ferme ils ont leurs cochers.) Le vieux avait pris le chemin de l'éternité. Fabio fonctionnait toujours. Nous renouons connaissance et, à travers notre navigation, il me semble que le drôle évite le canaletto. Plus de trilles, plus de feu d'artifice musical !

Diable ! cela m'intrigue :

— Fabio ?

— Signor !

— Et la Catarina ?

— Il n'y a plus de Catarine...

— Morte ?... Comme le vieux...

— Morte pour moi..., oui..., Catarina m'a renvoyé.

— Bah !... Et vous n'avez rien fait pour...

— ... Elle m'a dit : « Il le faut ! » Moi, j'ai pensé qu'il le fallait, puisqu'elle le disait...

— De sorte que la Catarina !...

— La Catarina ?... La Catarina se fait chanter des barcarolles par un autre que moi.

— Pauvre Fabio !...

On oublie donc à Venise..., aussi !

PIAZZA DI SAN MARCO

Sommes-nous, Mesdames, dans une ville ou devant un décor de théâtre ?

La place de Saint-Marc est le cœur de Venise. Café immense, bazar babylonien, salon fourmillant de visiteurs. A droite le campanile, tour de briques rayées de gigantesques cannelures, s'élance à cent mètres, découpant ses corniches, dessinant les fenêtres élégantes de son beffroi, profilant ses colonnes de vert antique et sa flèche cuirassée de bronze.

Trois des côtés de la place sont les Procuraties vieilles, les Procuraties neuves et le Palais royal. Sous les arcades tout le commerce de luxe allant du parfumeur au bijoutier, du libraire aux cristaux.

Cette décoration des mille et une nuits a pour toile de fond la basilique de Saint-Marc, avec ses coupoles lamées de plomb qu'on dirait plastronées d'argent, avec ses cinq porches couronnés d'ogives, avec ses mosaïques à fond d'or, ses trois ou quatre cents colonnes de granit, de brocatelle, de serpentine, de pentélique, de jaspe et de porphyre, avec ses clochetons à jour, ses guipures de marbre et ses quatre chevaux d'airain qui piaffaient il y a quatre-vingts ans sur l'arc de triomphe du Carrousel à Paris.

En avant de la basilique, trois mâts chaussés de merveilleux piédestaux, à la pointe desquels la sérénissime République arborait jadis les bannières de ses conquêtes, les pavillons de Chypre, de Candie et de Négrepont. Ils sont les pères et les aïeux de ces innombrables *bigues* qui, flammes ou drapeaux en tête, sont censés décorer, sous le nom de mâts vénitiens, les bals champêtres, les comices agricoles, les fêtes patriotiques et les distributions de prix dans les deux hémisphères.

La place de Saint-Marc est dallée comme la cour d'un palais. Elle appartient aux processions du catholicisme, aux masques du carnaval, à la musique militaire, aux flâneurs du jour, aux rêveurs de la nuit, à l'indolence, à la folie, à l'intrigue, à la galanterie.

Asseyons-nous, Mesdames, à l'une des cent tables de ces cafés logés sous les arcades des Procuraties, mais qui avancent leurs chaises en plein vent, et gagnent de proche en proche, ne laissant aux promeneurs qu'un étroit défilé au centre du parvis.

Plumette fait le diable à quatre pour parler du café Florian le plus renommé de tous. Voulez-vous, lectrices, le café Florian? Prenons Florian !

Voici près d'un siècle que Florian est *ouvert.* Ouvert dans le sens grammatical du mot. Oui, Mesdames, depuis cent ans Florian n'a pas fermé ses portes. Et d'abord il n'en a pas. Les Vénitiens en sont encore à faire leur jour de la nuit ; si bien que la clientèle locale volante à peine en retraite, survient la clientèle oublieuse du sommeil bourgeois. En voilà jusqu'à l'heure où le soleil secouant ses premiers rayons derrière les grèves du Lido, chassera les consommateurs et les enverra se coucher.

Nous sommes donc attablés à Florian. Le gaz allume ses gerbes de feux, le regard est ébloui. L'imagination n'en peut revenir que ses fantaisies soient moins folles que la réalité.

L'oreille est à son tour égarée dans un fouillis de bruits harmonieux. Là, des ténors de hasard, des sopranis de la rue vont chanter, en gesticulant, des lambeaux d'opéras et de préférence les scènes éternellement populaires du *Barbier de Séville* ou de la *Cénérentola*.

Plus loin, un impressario ruiné. Après avoir, les larmes dans les yeux, narré sa déconfiture et l'odyssée de ses infortunes, il se met à jouer et à mimer de bonne foi, avec une verve intarissable, quelques-unes de ces pantalonnades italiennes qu'on ne peut entendre sans se tordre sous l'étreinte de l'éclat de rire.

Bientôt la musique officielle, une *banda* de la garnison, se met en devoir d'exécuter au milieu de la place, avec une précision militaire, des mélodies, des valses et des pas redoublés enlevés à la pointe de la clarinette.

Aussi longtemps que se prolonge la soirée, les tables de Florian sont assiégées par les consommateurs exotiques et indigènes. Beaucoup de dames !

Pendant les entr'actes, défilé des professions interlopes en plein vent, le débitant de cigares, le négociant en allumettes, le crieur de caramels chargé d'un stock de fruits glacés, la bouquetière venant glisser un œillet dans votre gilet, le gamin qui vous fourre dans la poche une famille de tortues grosses à peine comme un œuf; *il signor Mercurio*, un bien digne homme! offrant sans vergogne, ni mystère, un choix d'almées toutes invariablement *prime ballerine al theatro la Fenice*... Pouah!

Sur les dalles, tout près de nous, sur notre guéridon même, voyez, Mesdames, voleter et picorer avec une familiarité charmante les pigeons de saint Marc! A ces volatiles roucoulants sur la place, la cathédrale, le campanile, le palais ducal et le reste!

Chaque peuple a son oiseau de prédilection. L'Egypte divinisait l'ibis, Rome les oies du Capitole. Les Gaulois ont adoré le coq, le Hollandais vénère la cigogne. Ici le culte est aux colombes qui symbolisent le Vénitien dans sa douceur, comme le terrible lion ailé de saint Marc le symbolisait dans sa force.

Pendant l'héroïque défense de 1849, quand la ville assiégée par l'Autriche mourait de faim, on se garda bien de toucher aux pigeons : pas un ne fut immolé sur l'autel de la patrie. Nourris jadis aux frais de l'Etat, ces gracieux pensionnaires de la République sont entretenus aujourd'hui par les dons volontaires des âmes sensibles. Sur le coup de deux heures, au cadran de Saint-Marc, aucun d'eux ne manque à la table d'hôte. Leur appétit a la précision du chronomètre, et c'est par centaines que les pigeons viennent becqueter le grain de la souscription.

LA PIAZZETTA

Prolongement en retour d'équerre de la place Saint-Marc. — Nouveau décor. A gauche, le palais ducal, quadrilatère de style moresque où, sur un fond de marbre, se dessinent des losanges de brocatelle couleur saumon. Palais unique, par ses opulentes bizarreries, ses sculptures chimériques, ses chapiteaux variés à l'infini, ses baies ogivales sous des trèfles arabes, son balcon solennel enjolivé comme un reposoir avec la Madone trônant au sommet.

A droite du visiteur, le campanile de Saint-Marc orné à sa base de la fameuse *Loggietta de Sansovino*, sorte de corps de garde du palais des Doges, bijou architectural d'un goût et d'un travail exquis. Puis en face de ce palais, l'ancienne bibliothèque, autre *capo d'opéra* du même Sansovino et de l'art vénitien.

Si nous faisons demi-tour vers la place Saint-Marc, basilique de l'Evangéliste en saillie sur le palais ducal de toute la largeur de son vestibule, façade latérale plaquée de marbre, décorée de mosaïques et de statues incrustées d'émaux, rehaussée de bas-reliefs byzantins au sens inconnu, desquels, en 1862, disait-on, les docteurs en épigraphie n'avaient pu trouver encore la clé. Au-dessus de la première arcade, l'image éclairée par deux lampes, brûlant, voici trois siècles, pour apaiser l'âme d'un boulanger. La légende du *fornarino*... vous la voudriez, Mesdames? Pas à présent; plus tard. Plumette m'en fera souvenir.

Enfin, si nous regardons la mer, l'incomparable panorama signalé devant l'hôtel Danieli tout voisin. Ici, en plus, les deux énormes colonnes de granit, isolées, portant, l'une saint Théodore foulant aux pieds son crocodile, l'autre l'immortel symbole du lion qui bat de l'aile et pose sa griffe puissante sur l'Evangile du patron.

Entre les deux colonnes, le lointain des lagunes, les îles, le Lido.

LE GRAND CANAL

La gondole étonne toujours. Le mieux averti des voyageurs y trouve le charme s'attachant à l'inconnu.

Au dix-neuvième siècle la gondole est ce qu'elle était au quinzième, un caisson de voiture greffé sur une pirogue longue, légère, sensible à l'aviron, armée à la proue d'une pièce de fer dentelée se redressant en col de cygne. La cabine est drapée de noir ainsi qu'un catafalque; on y entre à reculons par une seule portière et l'on y trouve deux sièges en maroquin aussi noir que le reste. On est libre de s'y étendre nonchalamment.

Désirez-vous voir sans être vue? Bien, Madame. Poussez devant la glace cette persienne. Souhaitez-vous dérober vos traits aux regards importuns? Très bien. Faites glisser le long de leurs rainures ces panneaux de bois tendus de drap comme pour un enterrement.

La nuance mise à part, tout dans la gondole est délicieux. Voluptueux en est le balancement; le silence y permet le rêve ou la causerie, le mystère s'y complait. Douce comme le berceau, discrète comme la tombe, la gondole vénitienne manque aux rivages de notre Saône.

Le grand canal est un boulevard de palais prenant des bains de pieds... Que de héros! que de siècles à passer en revue... Toute une épopée écrite sur le marbre avec des pages absentes et quelques feuillets en lambeaux. Les styles se regardent, l'arabe, le gothique, le byzantin, le lombard, la Renaissance dans son artistique paganisme, la décadence dans ses caprices... jusqu'au Pompadour !

Hélas ! que de misères étalées à la face du soleil dans ces palais pour la plupart mornes, dégradés montrant dans leurs assises les plus tristes déchirures... La carcasse est là, l'âme n'y est plus.

Palais Foscari, Pesaro, Moncénizo, Pisani, Cornaro, Vendramini, Barbarigo, vingt autres..., lesquels prendre? lesquels photographier et *historiographier?* aucun. Il les faudrait tous..., allez-y, Mesdames, cela vaudra mieux.

Mais d'avance — gageons un sourire contre une fleur — d'avance, j'en suis certain, vous décernerez la palme à la *Cà' doro*, à la Maison d'or, l'une des efflorescences les plus adorables du style arabe au quinzième siècle.

La Cà' doro appartenait à la Taglioni... Oui, gracieuses lectrices !.. Il n'y a que les sylphides pour se creuser un nid dans un palais de guipure.

L'ARSENAL

Où se sont construites, armées et équipées, les flottes redoutables expédiées par la sérénissime République à la conquête de Chypre, de Constantinople et autres places maritimes, régnaient à mon voyage de début le vide et la solitude. Les chantiers étaient déserts, les coups de marteaux un événement. En cherchant bien le visiteur aurait trouvé peut-être une chaloupe canonnière. Les choses ont dû prendre meilleure tournure depuis le retour de l'Italie à l'unité politique.

L'arsenal est gardé par la marine royale et par les lions du Pirée, grands diables d'animaux, impossibles assis sur leur derrière, exportés de la Grèce par Morosini, l'un des plus vaillants loups de mer Vénitiens et d'un âge tel qu'on le fait remonter jusqu'aux temps fabuleux.

Sous la domination tudesque, le musée de l'arsenal n'avait pas, assure-t-on, de rival en archéologie maritime. Les souvenirs belliqueux de la reine de l'Adriatique ne se comptaient pas. Ainsi, par exemple, le casque en cuir d'Attila, les harnais grossiers de son cheval, l'armure de Henri IV par lui donnée au Doge régnant son compère, des monceaux d'armes jeunes et vieilles, connues et inconnues, à donner le frisson rien qu'à les voir, de longs étendards de couleur éclatante pris sur les Turcs à la bataille de Lépante, d'affreux instruments de torture à l'usage de l'inquisition, jusqu'à certaines serrures de sûreté *(ostacoli)*, inventées par je ne sais quel Ezzelin, tyran de Padoue, à titre de palladium, — lui absent — contre les éventualités de l'absence.

Si le rapsode en parle, c'est qu'il a pu voir au musée de Cluny quelques spécimens de ce genre de cadenas...

Très ingénieux et incrochetable!

Sa Majesté l'empereur d'Autriche a tant soit peu épuré l'arsenal lorsqu'il s'est vu contraint de résilier avec Venise et de mettre la clé sous la porte. Les objets les plus rares et les plus précieux sont au musée de Vienne..., même les *ostacolis*... Défiance et mystère!

L'ACADÉMIE DES BEAUX ARTS

C'était sous la domination française en 1806 ou 1807, amateur forcené de tableaux, connaisseur émérite, le comte de Cicognara se promenait, les mains derrière le dos, à l'intérieur de l'église des *Fraris*... Fortuitement, son regard va s'arrêter sur une toile immense et parfaitement noire pendue au mur d'un transept, tout près de la voûte.

Le Prieur des Servites, curé de la paroisse, disait justement sa messe dans une chapelle voisine. Le Comte — pour qui le Curé n'était pas un inconnu, et réciproquement — attend l'*Ite Missa est*, et s'en va droit à la sacristie.

— Mon Révérend Père, avez-vous dix minutes?

— Avec plaisir, Monsieur le Comte.

— Venez alors...

— Venons!...

— Qu'est ce... cette machine enfumée... là haut?

— A dire vrai, je l'ignore...

— Avez-vous une échelle?

— Custode!... Une échelle à Monsieur le Comte...

L'amateur monte à l'échelle, passe un doigt sur sa langue, le mouille et se met à frotter un coin du tableau, côté droit. Un nom ressuscite et resplendit... Pâle d'émotion, Cicognara se retient aux échelons pour ne pas dégringoler.

— Mon Révérend Père!... C'est un tableau...

— Là! je m'en suis toujours douté... Quelque croûte?

— Peuh!

— Et, pas de cadre !

— Révérend Prieur ! Cette toile déshonore les Frari... Voulez-vous un échange ?

— C'est selon...

— Un grand tableau tout neuf...

— Avec un cadre ?

— Avec un cadre doré non moins neuf... Est-ce dit ?

— C'est dit ! Et, de plus, je recommanderai Monsieur le Comte aux prières de la communauté.

— Merci ! Révérend Prieur !

L'échange se réalise, Cicognara fait enlever sa croûte sur le dos de quatre fachinis, la fait laver, sécher, vernir et, sous la poussière de trois siècles, renaît l'un des miracles de la peinture... *l'Assomption de la Vierge...* signé *Titiano.*

— Plumette ?

— Maître ?

— Comment trouves-tu cela ?

— Dame ! Un peu raide..., assez fort...

— N'est-ce pas ?

Cicognara sollicite en faveur de sa Venise quelque cloître réformé, l'obtient, le convertit en une académie des Beaux-Arts, et, pour première mise de fonds, lui apporte l'Assomption de la Vierge qui en est l'inestimable joyau.

Là, sont réunis les maîtresses toiles dispersées dans les églises obscures, les palais abandonnés, les couvents en retraite. C'est le musée de l'école vénitienne, admirable moins par la recherche de l'idéal que par le naturel et le vrai, par la fougue, le pittoresque, surtout par l'éclat de la couleur.

Et quels noms immortels écrits au livre d'or de l'art vénitien! Titiano, Paul Véronèse, le Tintoretto, le Giorgione, les deux Bellini, les deux Palma, les Bassano, Pâris Bordone, Carpaccio, le Padouan... Assez Plumette !

Si j'étais seulement de la municipalité de là bas, je ferai, au besoin par les voies révolutionnaires, rentrer à l'académie les chefs-d'œuvre en nombre éparpillés encore dans les églises où ils sont exposés à l'humidité, à la fumée des cierges, au grignotement des rats, aux flammes de l'incendie.

Ainsi, Mesdames, un exemple terrible et lamentable entre plusieurs.

La vaste et magnifique église des Saints Jean et Paul (*Zanipolo* en patois Vénitien), portait à son flanc une chapelle du Rosaire couverte de bas-reliefs exquis.

On y avait entreposé pour je ne sais plus quelles restaurations, deux tableaux, une des meilleures madones de Jean Bellini qui en a fait tant et tant..., puis, du Titien, le martyre de saint Pierre, dominicain assassiné en 1227 dans un bois près de Vérone, au retour d'un concile. Le Sénat avait décrété peine de mort pour qui vendrait le chef-d'œuvre, marchant de pair avec l'Assomption.

Une nuit (1867), le feu prend ou est mis à la chapelle du Rosaire... En quelques heures les bas-reliefs ne valent guères plus d'un hectolitre de chaux, les deux tableaux qu'un boisseau de cendres. Le tout était estimé deux millions. Les deux millions sont peu. La perte artistique est incalculable.

J'ai vu le Rosario avant le sinistre. C'était merveilleux. Je l'ai revu après, et vrai, Mesdames ! j'ai pleuré.

Retournons à l'Académie qui se mire au bord du grand canal. Laissez-moi vous conduire respectueusement par la main devant trois tableaux qui, parmi les six cents inscrits au catalogue, m'ont le mieux *empoigné*. Çà se dit dans le meilleur monde.

C'est d'abord l'anneau de saint Marc, par Pâris Bordone, maître à peu près inconnu en France.

La scène est vue de profil. Un pauvre vieux gondolier, amené devant le doge assis sous un dais magnifique au milieu du conseil, s'avance d'un pas timide et, n'osant franchir les deux marches qui le séparent d'un aussi haut personnage, lui tend l'anneau du saint qu'il a pêché au fond de l'Adriatique. Une légende du pays.

La lumière, dite lumière vénitienne, traverse en diagonale la galerie, éclairant le doge et partie des sénateurs, laissant l'autre moitié dans une ombre égayée par les reflets. Le coloris est si chatoyant et si riche dans son harmonie qu'il ose défier les Titien et les Paul Véronèse du voisinage.

Au second rang dans la gamme de mes souvenirs vient le plus précieux, le mieux conservé des tableaux de Jean Bellini, le créateur de l'école vénitienne, le peintre assermenté et breveté de la Vierge et du divin Bambino.

Au pied du trône de la Madone, entre les saints Jérome, Augustin et plusieurs de leurs collègues qui font cercle, trois angelots d'un caractère individuel et d'une adorable naïveté. On les croirait de jeunes paysans ayant endossé les habits du dimanche pour aller chanter la messe en leur paroisse, et que le petit Jésus fait recevoir comme enfants de chœur dans son paradis. Ils jouent de la viole et du luth d'une main grêle et délicate. Celui du milieu doit être de la légion des séraphins.

Ce qui, dans cette peinture, séduit et entraîne c'est l'intimité du sentiment. Assurément la palette fut variée, opulente et prime-sautière, et cependant l'œuvre de Jean Bellini parle moins à l'œil qu'à la pensée, moins à la pensée qu'à l'âme.

Place à la perle de l'Académie des Beaux-Arts! à l'Assomption du Titien!

La Vierge monte au ciel entourée d'une gloire de chérubins, aux regards des apôtres étonnés et comme éblouis. Dieu le Père ouvre les bras pour recevoir la Mère Immaculée de son Fils. L'Eternel, la Vierge et deux disciples à égale distance du cadre sont vêtus de rouge écarlate. Des draperies d'un vert émeraude complètent la symétrie des couleurs placées comme elles le sont aux deux extrémités de la zone inférieure. Le vaste manteau bleu, qui s'agrafe au col de la Madone, se détache sur le tout et flotte comme une écharpe que soulèvent les anges au milieu de mille cabrioles.

La guirlande de ces petits bonshommes, formant un croissant sur lequel, humble et radieuse, se laisse enlever la servante du Seigneur, est l'épisode vraiment attractif de la merveilleuse et sainte odyssée. Que de vie! que de joies dans leurs sourires. Quelles tendresses! Ils sont toute chair comme les enfants des hommes et tout amour comme les anges du ciel.

LE PALAIS DUCAL

Bâti vers le milieu du quatorzième siècle, par Marino Faliero, dont la tête devait tomber sur la plus haute marche de l'escalier des Géants. On trouvait de tout dans ce monument pompeux et sinistre, des princes, des sénateurs, des sbires, des espions, des bourreaux et des martyrs.

Le visiteur entre aujourd'hui sans frissonner par la porte flamboyante de la *Carta*, baptisée ainsi parce que son balcon se prêtait volontiers à la promulgation des décrets de la Sérénissime République. Il était le moniteur officiel de l'époque.

Cette porte est criblée de colonnettes, percée de trèfles, comblée de statues. A chaque minute, je vois entrer ou sortir des porteuses d'eau, paysannes du Frioul, coiffées d'un chapeau d'homme à bords imperceptibles, posé crânement sur l'oreille. Jeunes, elles sont bonnes à regarder, puisant l'eau, la tête penchée avec une grâce involontaire sur la margelle de bronze niellé des larges citernes creusées sous la cour gothique du palais. Volontiers on s'approcherait de ces Nausicaas de l'Adriatique pour les aider et au besoin les convertir comme fit l'Homme-Dieu pour la Samaritaine. Mais le moyen de se figurer la Samaritaine sous cet ignoble couvre-chef de feutre noir!

L'escalier des Géants n'est rien moins que gigantesque. Il emprunte son nom à deux statues colossales de Sansovino placées au sommet de la rampe. L'escalier n'a que trente marches. A deux minutes l'une, si l'on désire étudier leurs sculptures sans nombre, il faut une heure pour les gravir toutes.

Chaque pas fait éclater un souvenir. Ici s'ouvrait et baille encore cette terrible gueule du lion, toujours prête à recevoir les délations anonymes. Voilà une boîte aux lettres !... et encore n'y avait-t-il pas la taxe d'affranchissement.

Je suis vraiment honteux d'entrer en jaquette et en chapeau gris dans la salle du Grand Conseil. Il faudrait la toge de brocard, la simarre éclatante, l'armure de fer guilloché pour ne pas sembler mesquin, gauche et ridicule dans cette halle à perte de vue, sous ce fastueux plafond dont les puissantes corniches accrochent au passage et font étinceler les rayons du soleil se précipitant comme une marée par les grandes baies ogivales.

Autour de la salle circule une frise décorée de tous les portraits des doges, depuis 804 jusqu'à 1560. Un compartiment est resté vide, couvert d'un voile noir, et sur ce fond lugubre se détache l'inscription légendaire :

— *Hic est locus Marini Falhetri, décapitati pro criminibus.*

— Ici est la place de Marino Faliero, décapité pour ses crimes.

L'histoire entière de Venise est écrite sur les murailles du palais, et par quels écrivains ?... Véronèse, Titien, Tintoret, Jacques Bassano, les Palmas et *tutti quanti !*

Oui, Mesdames !... Batailles, conquêtes, alliances, gloires et revers... Tout Venise est là. Les nobles lambris, les majestueux plafonds en conserveront longtemps encore, grâce à Dieu ! la tradition.

Un Panthéon cette salle du Grand Conseil et les suivantes... Chambres des Dix, des Quatre Portes, du Collège, de l'Anti-Collège, du Scrutin, etc., etc., etc.

Là se trouve l'*Enlèvement d'Europe*, de Paul Véronèse, cette toile si vantée dont notre Musée du Louvre est fier de posséder le second exemplaire. On en veut à Jupiter, sous le masque du taureau, de lécher si amoureusement les pieds de la belle Europe..., comme à la belle Europe de sembler dire : Tiens ! Tiens !...

Tout près, le *Jugement dernier*, par Palma le jeune, œuvre capitale. *Trop de monde*, disait Tintoret ; *Palma devrait faire sortir quelques réprouvés...*

Le tableau a sa légende :

Palma le jeune était amoureux, hélas! Naturellement, il garde une place dans le ciel à sa *Violante*, blanche et pure comme un lys.

Et, ne voilà-t-il pas que Palma surprend un jour la dite Violante en train de flirter avec je ne sais quel rapin de son atelier? Ne voulant plus, en cette conjoncture délicate, ouvrir le paradis à celle qui le lui fermait, il la précipite dans les enfers, et se représente lui-même l'y poussant d'un maître coup de pied quelque part.

Ce... *quelque part* est d'un modèle parfait. A le lorgner on deviendrait jaloux des démons plus que des anges... Telles sont du moins les appréciations, la manière de voir des mauvais sujets du café Florian.

Je ne vous donne pas, Mesdames! la dixième partie du palais ducal. Je saute à pieds joints par dessus les puits, les plombs, le pont des soupirs, la bibliothèque de Saint-Marc, le musée lapidaire, les trésors cartographiques, ne retenant que la mappemonde à la plume de *Frà-*

Mauro, ce moine camaldule, traçant d'intuition en 1460 le cap de Bonne Espérance que trente ans plus tard allait doubler Vasco de Gama. Triste ironie de la fortune! Le cap doublé devait être pour Venise le commencement de la fin.

On ne sait d'ailleurs à qui entendre dans ce diable de Capharnaüm... Tant de peintures et de faits historiques finissent par éblouir... C'est une fanfare, c'est une artillerie de couleurs et de souvenirs à rendre fou... fou!...

Vite, Plumette! Vite, sauvons-nous à Saint-Marc!

BASILIQUE DE SAINT-MARC

Etrange église! Elle est sombre et tout y brille. Elle resplendit, mais dans l'ombre.

Dès l'atrium, la sensation première est celle de l'hébêtement mélangé d'incertitude. Je ne sais plus au juste si je suis à Constantinople ou à Moscou, en Espagne ou à Venise, si j'aborde un temple ou une mosquée, si c'est l'Evangile qu'on va me réciter ou le Coran. Le Christ colossal et nimbé, qui se dresse au fond de l'abside, me décide. Je sais à quoi m'en tenir.

Entrons, Plumette. Prenons de l'eau bénite!

L'église est littéralement couverte de mosaïques, étamée d'or, cuirassée des marbres les plus invraisemblables, damasquinée comme une armure, enluminée comme un missel du Moyen-Age. Des phalanges de prophètes, d'apôtres, de saints, d'anges et d'archanges, de héros et de martyrs, se dessinent sous les voûtes, dans les niches, rappelant au milieu des formes tantôt barbares, tantôt archaïques les lignes sculpturales de l'art grec et de l'art byzantin.

Et, ce qui déroute le visiteur, c'est que malgré la richesse de ses matériaux, malgré tant d'or ruisselant en cascades, la basilique de Saint-Marc puisse conserver un aspect austère, presque terrible. Son opulence est sacrée. Dès le bénitier, la tête s'incline et les lèvres murmurent : « Dieu est grand ! »

Saint-Marc remonte au dixième siècle. Son plan est celui d'une croix grecque. Ses voûtes en arcades reposent sur des colonnes de marbre-onyx, couronnées de chapiteaux en bronze doré. Tout reporte aux premiers siècles du Nouveau Testament. C'est qu'aussi elle est plus chrétienne que Catholique-Romaine. Un peu plus on y trouverait les traces du schisme oriental. Fille indocile du Saint-Siège, la métropole vénitiennne a, de tout temps, conquis des privilèges que le Vatican n'a pu lui arracher. L'Evêque est patriarche, le rit est celui d'Alexandrie en mémoire des reliques de saint Marc, apportées de cette ville à Venise au fond d'un tonneau recouvert de tranches de lard. Pieux stratagème ! contrebande inspirée du ciel pour soustraire l'Evangéliste aux douaniers ottomans ennemis nés de la charcuterie!

A lui seul, le dallage du saint lieu excite l'admiration. Il se compose de milliers de petits dés qui, par l'amalgame des couleurs, forment un tapis de marbre aux dessins bizarres, aux arabesques variés à l'infini. Ce pavé a le moutonnement des vagues, et la cause la voici :

Saint Marc est debout sur pilotis. Quelques-uns ayant fléchi sous la charge du pavé, il ondoie ; on n'est jamais sûr de l'équilibre. En leur particulier, votre conteur et

Plumette y ont piqué deux ou trois têtes qu'ils n'ont pas oubliées.

En somme, ne craignez rien, ô lectrices! lorsque vous irez prier à Saint-Marc. Depuis nombre d'années, on restaure cet infernal et magnifique parquet. Assurément, on lui aura restitué son aplomb et une horizontalité à toute épreuve.

Montons au sanctuaire exhaussé de quelques marches et séparé de la grande nef par une rangée de huit colonnettes de porphyre. Sur cette colonnade règne un entablement portant une croix byzantine en argent massif, plus quatorze statues de grandeur naturelle, la Vierge, les douze Apôtres et saint Marc. Si san Marco n'était pas là, je vous le demande, Mesdames! à quoi serviraient les douze Apôtres? A quoi bon la Madone elle-même?

A droite et à gauche du chœur deux chaires ou ambons. C'est là que fut prêchée la quatrième croisade, là que le vieux doge Henri Dandolo harangua les Vénitiens, les suppliant de lui laisser prendre, malgré ses quatre-vingt-quatorze ans, le suprême commandement de la flotte, qui allait conduire les barons chrétiens à la délivrance du tombeau de Jésus-Christ. Le peuple ému proclame d'enthousiasme le doge centenaire qui vient s'agenouiller devant l'autel majeur où la main du patriarche attache la croix d'or à sa corne ducale.

Cet autel est placée sous un ciborium ou baldaquin soutenu par quatre colonnes de marbre pentélique, enlevées à Sainte-Sophie de Constantinople, ornées de figurines en haut relief ciselées et fouillées ainsi qu'un reliquaire d'ivoire. On dit saint Marc enterré là-dessous dans une grotte. Une grotte à Venise !!! La chose me semble coudoyer l'hyperbole, à moins que les rocailleurs du temps n'y aient mis la main.

Derrière l'autel, debout comme un paravent, triptyque à volets peints sur bois, servant d'étui à la fantastique *Pala d'Oro* mise au jour à certaines fêtes très carillonnées. Aussi n'ai-je pas eu l'honneur de lui être présenté.

Cette Pala d'Oro est une icône byzantine formée de lames d'or sur lesquelles sont peintes en émail des images barbares, style du Bas-Empire, encadrées en des niches où ruissellent les perles et les diamants. On m'a voulu dire qu'il y en a là pour quelques millions. Eh bien ! franchement, comme objets d'art, peut-être donnerais-je la préférence aux quatre colonnes de Sainte-Sophie.

Que de merveilles encore ! Les mosaïques s'échelonnant du dixième au quinzième siècle; la porte de bronze de la sacristie, *capo d'opera del famoso Sansovino*, les colonnes d'albâtre oriental de l'autel du Saint-Sacrement, si transparentes que la bougie du bedeau se voit au travers, peut-être aussi le bedeau lui-même. L'oratoire de la Croix, ciborium couronné d'une agathe grosse comme un melon de taille respectable, et ces centaines de colonnes rangées sous les péristyles, le long des nefs, comme des cannes et des parapluies à la porte d'un théâtre, sans utilité, sans raison d'être, pour le seul plaisir d'exhiber au public toutes les variétés de marbres connus et inconnus, jaspes, vert antique, vert de mer, griotte, serpentine, turquin, brocatelle, porphyre rouge et noir, jusqu'au lapis-lazuli.

On ne s'explique pas la cohue de ces colonnes disparates et parasites autrement que par ceci :

Lorsque Venise avait ravagé, bousculé un pays, il fallait en venir à la paix, Mesdames, n'est-il pas vrai ?

Le traité débattu, rédigé, copié, collationné, prêt à signer, l'ambassadeur de la République ne manquait pas de dire, en meilleurs termes, j'aime à le croire :

« Mes Enfants, nous sommes d'accord... c'est bien.
« Pour Venise, des trésors, des provinces..., rien à
« dire... Parfait ! Et, maintenant, pour saint Marc...
« quoi ? »

Grecs, Turcs, Candiotes, Egyptiens, tous, tour à tour, poussaient des cris de possédés. Et comme en ce temps déjà la force primait le droit, qu'il n'y avait pas moyen de faire autrement, on *donnait* à saint Marc les épingles que nous avons devant les yeux. Pala d'Oro, chevaux de bronze, icônes, statues, vases précieux, joyaux enfouis dans le trésor de l'Evangéliste.

Et quand il n'eut plus rien à épingler, san Marco se mit à glaner dans les colonnes.

Je n'ai ni le loisir, ni la patience de détailler par le menu Saint-Marc qui tant de fois a dansé sur ma tête une ronde que j'appellerais infernale si l'expression ne frôlait le sacrilège, s'agissant de la maison de Dieu, de son temple le plus bizarre et le plus étonnant.

Ne croyez pas, Mesdames, que seul le regard soit ébloui ! Non... La méditation s'impose, la pensée travaille. Le soir, lorsque la grande verrière laissait pénétrer le dernier rayon de soleil se traînant sous les voûtes, allant mourir sous le fond d'or des coupoles, lorsque la basilique patriarcale était déserte, qu'il n'y restait plus que de rares dévots clairsemés, agenouillés dans l'ombre sur l'onduleux dallage, mon bonheur était de m'asseoir, accablé de lassitude, sur un banc du chœur et de me sentir tomber avec délices dans une sorte de rêverie somnolente.

Une fois même je m'endormis tout de bon. J'aurais passé la nuit en compagnie de saint Marc l'Evangéliste et de son lion, sans le custode qui vint me secouer aux épaules et me pousser à la porte, violant en ma personne les saintes lois de l'hospitalité.

FIN DE VENISE

Je suis au bout de *mon rouleau, ma pièce est prête à rendre*. Ne l'oubliez pas, lectrices vénérées ! J'ai vu le jour au pays des canuts, Guignol est peut être un cousin à moi..., qui sait ?

Toutefois, avant de plier bagage, sachez-le bien, Mesdames, semblable aux pêcheurs de l'Adriatique, je me suis attaché aux gros poissons... Les petits, je les ai laissés fuir à travers la maille des filets.

Et quel fretin ! Que de grandes et illustres cités s'en feraient confectionner une splendide friture !

San Zanipolo, les Frari, San Sebastiano ! les Panthéons de Venise, où, sous des lambris de marbre, dorment, côte-à-côte, doges, capitaines, artistes patriciens... San Môse... le Redemptore, la Salute, San Giorgio Maggiore... des musées !...

Saint-Georges des Grecs où chaque dimanche le touriste peut voir et entendre quelque chose de très bizarre et de très imposant, l'office et la grand'messe schismatique du rite oriental.

Le pont du Rialto, marchand, éclatant, solide, rappelant les fêtes et la prospérité de la naissante République aristocratique appelée un jour à dominer l'Italie, à faire le commerce du monde.

Le campanile de Saint-Marc. On le gravit, non par un escalier bourgeois et mesquin, mais par une série de plans inclinés qui permettraient d'arriver à cheval jusqu'à la plate-forme du bourdon et de ses acolytes. Le panorama n'a pour limites que la mer, les plaines de la Vénétie et les glaciers des Alpes du Tyrol.

Les théâtres, la Fenice, l'un des plus courus et des mieux décorés de la péninsule.

Les musées privés, les galeries patriciennes... Hélas! elles s'émiettent et s'éparpillent en Russie, en Angleterre, aux Etats-Unis..., partout. Qu'un des grands noms du livre d'or soit menacé de n'avoir plus de pain sur la planche, il livre aux bêtes un tableau des aïeux et tout est dit.

Murano..., l'île des perles et des glaces.

Les Mechitaristes, ces bénédictins de l'Arménie unis au Saint-Siège, qui, retranchés dans leur îlot sous la triple sauvegarde de la France, de l'Italie et du Sultan dont ils arborent les drapeaux, consument leur vie à lancer vers l'Orient les apôtres qu'ils forment, les livres qu'ils impriment, la civilisation de l'Occident qui les vénère et les protège.

Et finalement, Mesdames, tout ce que ma mémoire laisse sous le boisseau.

Si myope que m'ait fait la destinée, certains plis

d'ironie nichés aux lèvres de mes lectrices ne sauraient m'échapper.

— A vous en croire, Monsieur, tout dans Venise serait beau, sublime, surnaturel...

— Non, Mesdames, non... Lui aussi, le soleil a des taches.

Les taches de Venise sont les mendiants, les moustiques, les cicérones, le linge qui sèche pendu aux fenêtres, l'eau potable qui laisse énormément à désirer, les canaux dont les émanations font soulever le cœur..., les vieilles..., les vieilles au premier rang.

La jeune fille, la femme sont généralement bien. Je parle des Vénitiennes, des pur-sang. La toilette est simple, d'assez bon goût par comparaison. Le blond Vénitien n'a pas dégénéré, ce blond dont l'école sut faire un si noble usage, ni roux, ni carotte, cette toison d'or en si parfaite harmonie avec l'œil noir ou bleu toujours profond, velouté quelle que soit la nuance.

Mais dès qu'elle s'imagine avoir franchi l'âge de plaire, comme si une femme ne plaisait pas toujours, voir la France, la Vénitienne se pose le problème de déplaire au delà de toute vraisemblance.

Et, ce problème, comme elle le résout!

Un jupon sans plus, une chemise... peut être, un châle fripé, éraillé, effiloché que l'on ne voudrait pas effleurer avec des pincettes de trois pieds. Ce châle sur les épaules s'il fait beau, et s'il pleut ramené sur une tête blanche, hérissée en broussailles, des pieds nus, des mains crochues, un regard haineux..., amalgamez tout cela, Mesdames, et vous n'aurez pas encore la vieille de Venise, sordide, sorcière, harpie, pieuvre!...

Chaque fois qu'il m'a fallu quitter ma rive des Esclavons, çà été une angoisse inexprimable. Oh ! pauvre reine de l'Adriatique à l'agonie ! Oh ! noble cité, qui, malgré les embrassements de l'Italie sa sœur perdue et retrouvée, s'en va mourante en expiation de dix siècles de gloire, d'orgueil, de puissance, de crimes peut-être, comme rançon des têtes de Marino Faliero, des Foscari, de Calenderio, de tant d'autres jetées au bourreau...

— Plumette, *mezza voce* : sans compter le boulanger !

— Pardon, Mesdames, j'allais oublier le *fornarino*... Plumette me le fait rappeler.

Une nuit de l'an... un noble de Venise longeait la *Merceria* qui était la grande artère de l'endroit, et qui l'est encore, grâce à ses quatre mètres de largeur.

A l'angle d'une ruelle un inconnu s'élance, frappe le passant de plusieurs coups de poignard et le tue.

Certain boulanger de la Merceria pétrissait son pain. Sa porte était ouverte ; l'assassin jette le stylet dans la boutique et se sauve à toutes jambes.

Arrivent les sbires. Ils enlèvent le cadavre et mettent le boulanger en état d'arrestation. C'est dans l'ordre, rien à dire. Le procès s'instruit, le prévenu nie comme un beau diable. Hélas ! le poignard était là, témoin, accusateur, complice. Il n'en fallait pas tant à Venise pour être pendu entre les deux colonnes de la Piazetta.

En vain les amis du boulanger se mettent en campagne, en vain sa jeune femme implore les juges, en vain l'accusé proteste de son innocence devant Dieu et devant les hommes, il est condamné. Le verdict est sans appel.

Or, le jour où moines et bourreau le conduisaient au

supplice, le martyr calme et résigné, traversant la foule, ne cessait de crier d'une voix lamentable :

« *Ricordatevi del povero fornarino!*

« (Souvenez-vous du pauvre boulanger!) »

Le lendemain, la veuve du supplicié expirait de douleur. Huit jours après, vaincu par le remords, le vrai coupable se livrait à la justice; la mémoire du *fornarino* était réhabilitée, Venise prenait le deuil, et le Sénat, en mémoire de ce meurtre juridique, votait à perpétuité les deux lampes allumées devant la Madone du vestibule de saint Marc, où elles brûlent depuis trois cents ans.

Ce qui fait que, depuis trois cents ans, les avocats du barreau de Venise, plaidant au criminel, n'ont jamais employé d'autre péroraison que la péroraison du boulanger : « *Ricordatevi del povero fornarino!*

Une scie!... Une scie tant qu'on voudra, mais une scie qui donne à réfléchir au tribunal.

Même en France, nos Démosthènes de Cours d'assises ne se font pas faute du truc vénitien.

Je siégeais comme juré dans une affaire de vol que j'ai oubliée. Le stagiaire, chargé d'office de la défense du prévenu, n'eut garde de manquer son coup :

« *Ricordatevi del povero fornarino!* Souvenez-vous,
« Messieurs les Jurés, souvenez-vous du pauvre bou-
« langer! »

— Que diantre nous chante-t-il celui-là? me glisse dans l'oreille mon collègue de droite, juré rural de F... ou de R... Sac à papier! notre coquin n'est pas dans la la boulangerie.

— Assurément, il se dit maréchal-ferrant.

— Pas moins, collègue, il est dans le pétrin. Eh ! Eh !

— Eh ! Eh !

Mon voisin de droite dut rentrer à F... ou à R... avec la conviction d'avoir eu, parlant à ma personne, prodigieusement d'esprit.

Je vous disais donc, Mesdames, que Venise se meurt. Le froid de la tombe semble, quoi que fasse la sœur aînée, gagner peu à peu les extrémités. Le cœur bat encore.

Un jour viendra — peut-être n'est-il pas éloigné — un jour où le flambeau de la vie se retirera de cette noble et illustre cité. Alors, comme le dit une ancienne complainte, l'Evangéliste sortira de sa grotte, il appellera son lion, ses quatre chevaux de bronze et les emmènera à sa suite vers l'Orient, la dernière gondole sombrera dans le Grand Canal, les deux lampes du *fornarino* jetteront leur dernière flamme, et les colombes de saint Marc s'envoleront.

Adieu, Mesdames. *Ricordatevi del povero !.....*

CHAPITRE II

NAPLES-VÉSUVE

§ Ier. — SAINT JANVIER

Le 16 mai 1861, le vapeur *Vatican*, des Messageries impériales, me débarquait à Naples, un peu pour le Vésuve et Pompéï, beaucoup pour saint Janvier.

Du môle au château Saint-Elme, du Pausilippe à Portici, vous pouvez prendre à partie Dieu le Père, la Madone, tous les bienheureux du paradis, on ne vous dira rien. Mais si vous osez asticoter saint Janvier, tremblez!

C'est que *san Gennaro*, diacre de l'Eglise romaine, décapité aux portes de Naples, à Pouzzoles, vers le deuxième siècle de l'ère chrétienne, san Gennaro se trouve être le patron par excellence, le gardien né de la cité Parthénopéenne. Oui, Mesdames, le protecteur officiel, estampillé, breveté, avec garantie du gouvernement, s'il vous plait!

De pieuses femmes recueillirent le sang du martyr, l'épongèrent et finalement en remplirent un flacon qui, de main en main, de siècle en siècle, de soutirage en soutirage, s'est éternisé jusqu'à nos jours, sans apparence d'abdication.

Or, le sang coagulé dans son récipient se liquéfie et bouillonne lorsqu'on l'approche de la tête du saint à trois ou quatre dates privilégiées de l'année. C'était l'une d'elles, le 16 mai, jour de mon invasion.

La chance, voyez-vous, Mesdames ! Si dans telle ou telle ville surgit tel ou tel épisode imprévu, anormal, tenez pour absolument certain que j'arriverai à l'heure réglementaire, ni trop tôt ni trop tard, sans rien savoir ni étudier, tout bonnement par la grâce de Dieu qui protège ses touristes.

Ainsi de Naples.

Après une station mortelle à la douane pour le mince bagage, à la police pour le passe-port, après une installation sommaire au cinquième étage de l'*Albergo di Genova*, je me hâtai de frêter un calessino pour m'aller faire échouer aux portes de la cathédrale placée naturellement sous le vocable démocratique de saint Janvier.

Mais, j'y songe. Pourquoi conter à mes lectrices, Naples, san Gennaro, son miracle, toutes choses qu'elles savent mieux assurément que Plumette ? A la suite du joyeux président de Brosses, de Dupaty, Paul de Musset, Alexandre Dumas, de la pleïade de nos grands écrivains publics. Quelle profanation !

Naples parle de trois cents églises, presque autant qu'à Rome. C'est possible ; je n'ai pas vérifié l'addition.

Souhaitez-vous, Mesdames, faire la connaissance d'une *chiesa* napolitaine? Entrez dans notre Saint-Louis du quai Saint-Vincent, récitez-y deux *Pater* et deux *Ave* pour la conversion d'un grand pécheur; vous aurez vu une église quelconque de là-bas, ni plus, ni moins, et avec elle les deux cent quatre-vingt-dix-neuf autres.

Ni goût, ni style, ni majesté, sinon toutefois à Saint-Janvier dont l'immense vaisseau gothique repose sur les ruines d'un temple d'Apollon. Les vestiges apparents de l'édifice païen se résument en deux colonnes de porphyre accostées au portail, et dans l'intérieur en cent dix colonnes d'un granit égyptien.

La basilique était inondée de lumière, de soleil et de fidèles. Sur l'autel s'épanouissait la cour de saint Janvier, vingt statues d'évêques en argent, de martyrs en vermeil, de vierges à diamants : les sous-patrons de la cité.

Absence radicale de fleurs. Le lazzarone n'a pas le culte rêveur de la violette.

Sur le tabernacle, la châsse du saint. Au premier plan, le miraculeux flacon suspendu à une sorte de chevalet destiné à l'isoler complètement.

Tout au plus grave et recueilli, le clergé trônait sur les stalles de chêne sculpté. Au pied de l'autel, trois chanoines épiant le miracle. Autour du sanctuaire, piquet de la garde civique, musique en tête. Dans les nefs, la foule.

Et quelle foule, Dieu du ciel! hommes, femmes, bourgeois, artisans, pêcheurs de Sainte-Lucie, lavandières de la Marinella, portefaix du môle, contadini du golfe et des îles. Tout cela murmurant, grouillant, grognant sous prétexte que le saint se fait tirer l'oreille.

Oui dà! c'est qu'il n'y a pas à plaisanter; saint Janvier retardataire, cela veut dire que saint Janvier est en délicatesse avec sa clientèle. La situation est compromise. Naples n'a qu'à se bien tenir; tout lui est menaces et pronostics, la vague de la baie, l'aigrette fauve du Vésuve, les fumerolles de la Solfatare, jusqu'au sirocco, avant-garde du tremblement de terre. — Alors, chacun se signe, se frappe la poitrine, adjure le diacre-martyr. — S'il tient rigueur encore, changement à vue. Tableau!

Les supplications cèdent la place aux gros mots. Les femmes s'en mêlent. A leur tête, certaine confrérie de sorcières nommées les veuves de saint Janvier.

En goguenarderies, en outrages, en imprécations, s'édite la collection complète du dictionnaire napolitain, d'un luxe et d'une éloquence à faire dresser la perruque du roi Louis-le-Grand sur son piédestal de la place Bellecour.

On va — le croiriez-vous, lectrices, — on va jusqu'à montrer le poing à san Gennaro, jusqu'à proposer sa révocation. Qu'un assistant grincheux se mette à vociférer que le miracle déraille, parce qu'il y a des hérétiques, on ne saurait prévoir où s'arrêtera la crise. En ce moment terrible, je ne voudrais pas être dans la peau d'un Anglais.

Et, lorsque vaincu, ahuri, haletant, sous le coup d'une ignominieuse destitution, le pauvre martyr de Pouzzoles se résigne et consent, lorsqu'à l'affût des évolutions les chanoines se lèvent et faisant face au peuple, lui crient :

— *Miracolo è fatto!*

Ce n'est plus de l'enthousiasme, mais du délire, de la frénésie, ce sont des larmes, des sanglots, des trépignements de joie à faire crouler la vieille basilique et ses cent dix colonnes de granit égyptien. Les estafettes se répandent dans la ville, le magique *Miracolo è fatto* vole de bouche en bouche, la bourse monte d'un franc.

Ce soir, Naples illuminera.

Il faut vous le dire, Mesdames, le drame comporte deux actes, la double exhibition à tous et à chacun du récipient vénéré avant et après le miracle, afin que la coagulation du sang et son dégel soient authentiquement constatés et mis à l'abri de toute inscription en faux.

J'arrive par bonheur avant que le rideau soit baissé. Les fervents jouaient des coudes, je fais comme les fervents et, jouant des coudes à mon tour, je prends place au défilé. Le chanoine me fait voir et baiser la relique.

Veuillez, Mesdames, vous représenter un globe de lampe en cristal. Aux deux pôles de la sphère se soudent deux tiges en vermeil dont l'utilité ne me paraissait pas alors démontrée. Les parois du globe étaient rouges, ternes et opaques. Le sang, avec une adhérence parfaite, se révélait à l'état de solide.

Le miracle ne se faisait pas. On en était à la période des *murmures prolongés*. Il se fit bientôt, et cinq minutes ne s'étaient pas écoulées que retentit le sacramentel *Miracolo è fatto* si ardemment convoité.

A ce signal, les clameurs, les hourras, les orgues, jusqu'à la grosse caisse et au chapeau chinois du piquet d'honneur se réunissent en un *tutti* formidable, en un chœur phénoménal, en une trombe éclatante que je propose aux clairons du jugement dernier.

Nous abordions le second acte. La procession reprend sa marche, je me place en serre file et, lorsque la relique se trouve à la portée de mon regard et de mes lèvres, le sang était liquide et vermeil, le cristal pur, transparent et scintillant. Je comprends le rôle des branches ou de l'axe qui permet aux chanoines de faire voltiger en tout sens le globe et son contenu. Je voudrais même ajouter qu'ils ont l'air de jongler avec; mais ce serait presque aller à l'hérésie, n'est-il pas vrai, Plumette? Je restai donc confondu et anéanti.

Quelque matin, saint Janvier faillit jouer un tour affreux à l'une des armées de la République française en train de faire, sous les ordres de Championnet, la conquête du royaume de Naples.

La France conquérait alors.

Les patriotes indigènes avaient lancé dans la circulation ce bruit calomnieux que, par leur présence, les Français feraient rater le miracle national. Pour le général en chef et son état-major raison de plus d'assister à la cérémonie.

Le fait est que le miracle n'allait pas. Saint Janvier se mettait résolument du parti de ses concitoyens. Les malédictions devenaient plus furibondes, les couteaux s'apprêtaient, une catastrophe semblait imminente lorsqu'on vit un jeune officier se détacher du groupe français, monter au sanctuaire, s'incliner pieusement, puis, au passage de la relique, tirer le célébrant par sa chape, lui glisser deux mots dans l'oreille et revenir béatement au groupe de l'état-major.

Peu après détonnait le *Miracolo è fatto*! L'opération était même parfaitement réussie.

C'est qu'entre la robe et l'épée, le dialogue, outre le don de la concision, avait eu celui de la netteté.

— *Padre!*

— *Mio figlio!*

— De la part du général en chef : si dans dix minutes saint Janvier n'a pas achevé son miracle, dans un quart d'heure vous êtes fusillé.

San Gennaro avait tout entendu. Le bienheureux martyr ne voulait pas que son chanoine fût passé par les armes. Aussi venait-il de capituler honorablement.

Ma dévotion satisfaite, non moins que ma curiosité, j'essaie, autant que la multitude m'en laisse la liberté, de sillonner les dalles de la cathédrale.

Ici, nouveau spectacle dont je ne sache pas que jamais touriste ait fourni le compte-rendu.

Vous ne nous croirez pas, Mesdames, et, cependant, nous deux, Plumette et moi, avons vu de nos propres yeux, vu, etc., etc., etc.

A chaque recoin de la vénérable basilique, à la base des cent dix colonnes déjà nommées, sur un banc, sur un escabeau, sur n'importe quoi, stationnait un prêtre séculier en habit de ville ou un moine enfoui sous son froc.

Aux pieds de l'*abbate* ou du *frà*, sans se soucier autrement de la houle humaine, ni des chants, ni des cris, ni de rien, venaient tomber tour à tour, napolitaines les mains jointes, napolitains les bras en croix.

« Que diantre, pensais-je, ont-ils à marmotter ? »

Parbleu ! l'énigme ne fut pas longue à déchiffrer. — Escabeaux, bancs, prêtres et religieux, c'étaient les saints tribunaux de la pénitence et les juges sacrés. — A leurs genoux, la cohue des pénitents improvisés, lesquels, munis d'une absolution sommaire, allaient, séance tenante, et par la grâce d'un baiser non moins sommaire à la relique du jour, gagner l'indulgence plénière promise par saint Janvier à ses fidèles.

Ce système de confessions *coram populo* me fit sourire, je vous l'avoue, Mesdames. Ce qui n'empêchait pas que ministres de la justice du ciel et coupables des deux sexes ne savaient où donner de la tête.

Un couple de jeunes contadini, qu'à leurs costumes j'estimai venir de Sorrente, paraissait être sous le poids d'une vive préoccupation. Pas l'ombre de confesseur... sans travail. Ils allaient, *poveri!* manquer l'indulgence, lorsque par l'une des portes latérales se dresse la silhouette d'un signor *abbate* fleuri, joufflu, de physionomie avenante, un de ces bons prêtres desquels on dit chez nous qu'ils ont la manche large.

Bon gré, mal gré, nos deux Sorrentais mettent en réquisition leur *abbate* de rencontre, le font asseoir sur la saillie d'un piédestal, s'agenouillent à ses côtés, lui à droite, elle à gauche, accoudés sans plus de façons sur les genoux du saint homme dont le vaste tricorne repose entre ses jambes écartées.

Je m'efface derrière un pilastre voisin pour saisir ce croquis de mœurs religieuses, un peu... comment dire?... un peu primitives. Que furent les confidences faites, de ci, de là, par mes gens de Sorrente aux oreilles de leur juge spirituel? Dame! je n'étais pas dans le secret de la confession, surtout de la confession en partie double. Pas moins, à certains aveux, à certains passages, je saisissais au vol, du côté de l'abbé, un imperceptible sourire, du côté de ses clients d'aventure, des froncements de sourcils, des regards ébahis lancés de l'un à l'autre, par *lui* sur *elle*, et réciproquement.

Ce qui nous autorisait, moi et Plumette, à penser que nos deux gaillards avaient dû porter au passif de leur examen de conscience un ou plusieurs gros péchés contre celui des commandements de Dieu que le respect m'empêche de signaler.

Que voulez-vous, Mesdames, on n'est point parfait à Sorrente !

Réconciliés entre eux et avec saint Janvier, nos deux contadini n'eurent rien de plus pressé que de courir, bras dessus, bras dessous, après la relique et son indulgence plénière qui rentraient à la sacristie. Il était temps !

Je regagnai, moi l'*Albergo di Genova*, pour m'épousseter et noyer dans un bain préventif ce que j'aurais pu récolter à Saint-Janvier en plus du miracle.

Le soir de cette mémorable journée, je vais au parterre de San-Carlo, me plonger à mon tour dans les mélodies de la *Norma* qui faisait fanatisme.

Norma ! l'une des plus émouvantes créations de l'art musical contemporain. *Norma*, le chant suprême du pauvre cygne de Catane... Bellini !

Après l'étourdissant duo du second acte entre la druidesse et Adalgise, j'entends éclater derrière ma banquette un tonnerre de *bravi* et de *brava*.

« Tiens, tiens, fais-je en à parté, voici un monsieur « porteur d'une magnifique basse profonde. Beau timbre, « ma foi ! »

Je me retourne et je vois... — ne cherchez pas à me deviner, lectrices — je vois mon confesseur ou plutôt leur confesseur de ce matin, toujours en habit de ville, son fabuleux tricorne sur les genoux ; de plus, jumelles en main et en batterie.

Oh ! saint Janvier ! saint Janvier !

Et, maintenant, Mesdames, vous demandez mon sentiment sur la réalité du miracle. Soyez généreuses jusqu'à l'excès, n'exigez pas trop de moi.

Dans le monde du scepticisme, le prodige légendaire de saint Janvier est mis au compte de la chaleur torride qu'il fait dans la cathédrale, de certains agents chimiques, de pieuses supercheries. — Le monde sceptique a peut-être tort. — J'ai vu, et si je ne crois pas à outrance au sang de saint Janvier, j'y crois à moitié.

Tenez, Mesdames, interrogeons, analysons les plus nobles, les plus intimes aspirations de l'âme, religion, patrie, amitié, dévouement... Que trouverons-nous au fond du mystérieux abîme ? La foi !

Il fait si bon croire à quelque chose, si bon croire à quelqu'un !

---

§ II. — VÉSUVE

Les incorrigibles vagabonds que sont, Mesdames, votre Rapsode et Plumette !

Mais aussi, songez donc, le Vésuve, Pompéï, Pœstum, trois circonstances atténuantes dont les prévenus ne sauraient trop invoquer le bénéfice.

A mon premier voyage (1861), j'étais descendu au *sixième étage* de l'hôtel de Genève, Strada Médina cœli. De ce poste aérien le regard plongeait sur le golfe merveilleux dont la courbe s'arrondit du cap de Misène, ou Madame de Staël pria Corinne de chanter, aux falaises de Sorrente où le Tasse chanta.

La rade était splendide, plus animée encore que de raison, grâce aux flottes pavoisées de France, d'Angleterre et d'Italie accourues pour faire honneur à Victor-Emmanuel en train de *retaper*, élargir et redorer sa couronne piémontaise. Le roi prenait possession de la Sicile. D'heure en heure on attendait son retour, et c'était, des escadres au môle, de Sainte-Lucie à la Chiaja, c'était un mouvement continuel, un incessant va-et-vient d'embarcations..., canots, yoles, baleinières, sloops, tartanes, postes aux choux ; un steeple-chase à déconcerter Neptune.

Autre détail. — En plus du golfe, des caps, des escadres et, comme par dessus le marché, mon sixième étage avait pour vis-à-vis une terrasse moins aérienne de quelques mètres.

Sur la terrasse, voyez, Mesdames, cette porte d'atelier entre-baillée, cette ouvrière leste et pimpante, une blanchisseuse en fin, cela saute aux yeux..., chez la blanchisseuse, ce Franciscain... Très beau Franciscain, *per Dio !*

Ne nous scandalisons pas, c'est dans les mœurs. Honni soit qui mal y pense.

Je voyais donc le *Frà* se glisser à l'aube dans le sanctuaire de la voisine, puis s'en aller au bout d'une petite heure..., une heure de prière du matin, une heure d'abondantes grâces spirituelles.

De Naples au pied du Vésuve s'empruntent généralement trois procédés de locomotion, le calessino, le chemin de fer, les jambes. Celles-ci se récrient et protestent contre les cinq kilomètres de chaleur et de poussière : un essaim de mauvaises raisons. Le *Ferro-via* vous escamote la meilleure moitié du pittoresque. Reste le calessino.

En touriste avisé, je m'étais, dès la veille, empressé de négocier certain contrat de roulage avec un vetturino de place. Le drôle m'avait juré par tous les saints du paradis... (Peuh !.), même par San Gennaro (Bravo !) que le lendemain, à l'*Ave Maria* du matin, il mettrait à mes ordres devant l'*Albergo* de Genève, lui, sa casaque rouge, sa caisse bleue et le panache blanc de son poney.

Equipage tricolore ! hélas ! j'en usai bien peu ; soyons francs, Plumette ! Je n'en usai pas du tout. N'avais-je pas eu la niaiserie d'oublier les arrhes, qui, si peu qu'elles vaillent, ont cent fois plus d'efficacité que le serment du cocher napolitain, le plus fourbe, le plus hâbleur des portes-fouets internationaux.

Soit qu'il se fût vendu aux enchères à un concurrent anglais, soit qu'il eût succombé à quelque violent accès de *lazzaronisme* et de *farniente*, mon coquin se garda bien de venir dégager sa parole ni avant, ni pendant, ni après l'*Ave Maria*.

Et se dire, ô grand saint Janvier, que chaque journée de la semaine voit ton nom compromis de la sorte et ta signature protestée !

En tout cas, le Vésuve débutait mal.

Le chemin de fer n'était pas très éloigné, j'en conviens. Mais, pour les gens de Naples, à cette époque tout au moins, l'*Orario officiale* — leur livret Chaix — rentrait à peu près dans le domaine de la légende. Les trains partaient au gré de leur fantaisie. C'est égal; mon espoir est là. Je prends le pas gymnastique des jours de pluie, je me précipite en trombe dans la gare. Le train manquait à ses traditions. Trop tard ! la locomotive, à cent pas déjà, lance son dernier coup de sifflet.

Que faire? Passe un *corricolo* vide, je l'arrête au vol. Moyennant trois piastres et la bonne main, le phaéton se fait fort : 1° de me *corricoler* à Résina; 2° de m'y attendre en toute patience; 3° de me ramener sain et sauf avant sept heures du soir à la porte d'une salle à manger, qu'ouvrait en mon honneur un émigré lyonnais M. B..., ancien clerc d'avoué démissionnaire, en ce temps-là dans la grosse épicerie Parthénopéenne, présentement dans les vers à soie au Japon.

Lui aussi, l'homme au *corricolo* veut jurer par saint Janvier. Je lui retiens le bras.

Ma pâle étoile déployait à la fin ses ailes et, brillante, remontait au Zénith. Lancés à fond de train, nous ne tardons pas à frôler — le *corricolo* tient de l'oiseau — à frôler, dis-je, le pavé en lave de Portici, le berceau de cette pauvre et si poétique Fenella dont l'illustre parrain, Nestor de la musique française, devait, quarante ans plus tard, rendre son âme à Dien en pleine Commune de Paris.

Nous entrons bientôt dans Résina, le couvercle d'Herculanum qui en est le sous-sol; Résina, porte cochère du Vésuve. Là, autre négociation, mais, justice à lui rendre, allant toute seule.

De Résina à l'ermitage du Vésuve, l'ascension se fait à cheval; de l'ermitage au sommet, elle se faisait absolument à pied, ou bien, pour les ladies anémiques, sur un fauteuil porté par deux vigoureux gaillards se relayant.

Le dix-neuvième siècle ne serait plus celui du progrès, si le Vésuve n'avait pas sa *ficelle* tout comme la Croix-Rousse ou le Righi. Où diable le funiculaire va-t-il se nicher ?

Or, à Résina fonctionne une compagnie de guides placée sous la main de l'autorité. Toutefois, au rebours des gardes du corps du Mont-Blanc, ceux du Vésuve exercent non plus à pied, mais à cheval; si bien que l'ascensioniste est tenu de soudoyer, d'après un tarif officiel, le cicérone et ses deux montures, sans compter je ne sais quel affreux galopin armé d'une baguette amorcée d'une épingle très pointue dont la mission, véritable sinécure, paraît être de piquer les bêtes.

Heureuse chance si, dans une minute de distraction, la

gaule épinglée ne dévie pas de la ligne réglementaire au point de picoter les cavaliers.

La caravane organisée et passée en revue, nous nous mettons en selle. Dès les premiers pas, les chevaux choisissent sans hésitation l'allure du galop. Seigneur Dieu! ayez pitié de moi!

Nous traversons des vignes en tonnelles plantées dans la poussière de lave. Leurs ceps donnent le jour à ce trop fameux *Lacryma-Christi* duquel la réputation semble, à mon sens, effrontément usurpée.

L'enragé galop ne se modérait pas, au contraire. La caravane entre dans les régions de la lave. Grave sujet de perplexités! La selle de mon coursier devait, Dieu me pardonne! avoir été capitonnée avec des résidus vésuviens. Je me démolissais.

Sur ce terrain solide, onduleux, sonore et tigré, je me demande si je vais me briser les jambes dans une culbute à gauche, ou me fendre la tête en dégringolant à droite.

Et, pas moyen d'enrayer l'élan de ces bêtes endiablées. J'ai beau crier au guide, sacrer, tempéter, l'infernal galop toujours. C'est, parait-il, dans le règlement. Rien à dire. Enfin, grâce à toi, mon bon ange gardien, je m'en tire à mon honneur. L'escadron s'arrête au seuil de l'ermitage. Ah!

L'ermitage du Vésuve est loin de valoir celui de notre Mont-Cindre. Venta sordide, campée, ainsi qu'un îlot, au milieu de la mer de lave. Il s'y récitait, de mon temps, moins de rosaires qu'il ne s'y débouchait de flacons. L'ermite?... Saint homme dont la rencontre au coin d'un bois m'eût donné à réfléchir.

La pauvre masure fait contraste avec son voisin l'observatoire, bâtisse monumentale consacrée par le gouvernement à l'étude des phénomènes volcaniques. En tant que météorologistes, s'y trouvent casernés quelques carabiniers, providence en tricornes de l'explorateur égaré dans ces steppes calcinées où germe seul et fleurit le banditisme des Abruzzes.

Nous mourions de faim et de soif, Antonio, le guide et moi. Je ne parle pas du galopin honteusement distancé par la cavalerie. Le plat du jour, qui fut le plat de la veille, sera le plat du lendemain et ainsi de suite jusqu'à complet aplatissement du Vésuve. Pain coriace et noir, saucisson pimenté, arrosé de ce vin fade et doucereux que le Christ pleura si malencontreusement sur les fonts baptismaux.

Prix fixe : Une piastre (5 francs 50 centimes).

Au moment d'attaquer le cône, voici que sortent, je ne sais d'où, trois hommes déguenillés et silencieux qui me saluent. Je les salue à mon tour, la bouche en cœur. L'un portait une corbeille emmaillotée dans une serviette, l'autre une courroie de cuir. Le troisième rien ne portait.

Une telle apparition n'était pas faite pour rassurer, n'eût été, Mesdames, le voisinage des météorologistes que j'ai eu l'honneur de vous présenter. Nous partons, les trois hommes suivent, toujours muets. J'interpelle le guide :

— Eh! dites donc, Antonio, ces messieurs vont-ils aussi?...

— Si, Signor.

— Perché, amico?

— Perché, Eccelenza? Pour donner un coup de main à l'escalade du cône.

— Et l'homme à la balle?

— Pour offrir une collation à Votre Excellence.

— Mais, Antonio, si mon Excellence n'a pas faim?

— Votre Excellence aura repris son appétit là haut, c'est l'habitude.

— D'accord! Et çà coûte, l'escorte?

— Excellence, trois piastres.

— Bon!

J'étais à bout d'objections... Allez donc engager une polémique financière avec quatre particuliers tels que ceux qui me font cortège. Je me résigne, tête baissée.

— Par où Monsieur voudra-t-il revenir, reprend Antonio, par la lave ou par la cendre?

— Dame, comme vous le désirerez, Antonio, moi je ne sais pas.

— Par la lave? dure à digérer la descente, une heure. Par la cendre, plus courte, dix à quinze minutes.

— Oh! oh! prenons la cendre, Antonio, couvrons-nous de cendres.

— Patience, signor, vous en aurez par dessus la tête. Battista, Battista, crie le guide, hélant le gamin retardataire qui pointe à l'horizon, Battista, conduis les bêtes à l'*atrio di cavallo.*

L'ascension commence. En cheminant à travers les laves toujours plus épaisses et plus tourmentées, Antonio me fait toucher au doigt la couche vomie par l'éruption de l'année précédente. Elle n'était point encore refroidie.

A la base du cône, les difficultés se dressent carrément. Figurez-vous, Mesdames, un talus de trois cents mètres à l'angle de quarante-cinq degrés, formé de scories, de pierres ponces, de détritus sulfureux sans adhérence ni cohésion... Fier tas de cokes et de mâchefer.

L'homme à la corbeille poursuit sa marche cadencée, l'homme à la courroie me la passe.

— Au cou ? Grand Dieu ! Quel horreur !

Calmez-vous, Mesdames, à la taille, sous les aisselles, puis il boucle l'instrument, Antonio me glisse un bâton ferré dans la main droite, allume sa cigarette et lance un formidable *avanti !* A ce signal, la machine se met en mouvement.

En tête Antonio, chef de l'expédition, au second plan l'homme à la sangle, remorquant le patient, au centre le patient lui-même, à l'arrière-garde l'homme qui ne porte rien, spécialiste chargé de pousser *l'escaladeur* par les..... reins.

L'un tire, l'autre cogne. Voilà toute la différence, et pourquoi le numéro trois était sans outillage.

Entre mes deux bourreaux je devais avoir une vague ressemblance avec ce paria de basse-cour, hideux sur ses quatre pattes, friand après salaison, que deux sacrificateurs ramènent de la foire et qui se fait tirer l'oreille. J'en ris à cette heure, mais sur la scène je ne riais pas.

Pour le rapsode ici présent, les Alpes ont peu de secrets. De l'Orteler en Tyrol au Viso, l'une de ces guérites de quatre mille mètres dressées entre la France et l'Italie, peu de cols qu'il n'ait franchis ! Il a gravi des pics, baguenaudé à travers quelques glaciers. Eh bien ! lectrices, ces flâneries montagnardes sont presque jeux de bambins comparées au Vésuve dont l'altitude n'excède cependant pas mille mètres.

Pourquoi ? C'est que dans les Alpes le pied trouve à mordre dans la glace ou le granit, tandis qu'il se dérobe aux scories mobiles échappées du volcan. Deux pas en avant, un pas en arrière, telle est la règle. Sans mon remorqueur d'avant, sans mon gouvernail d'arrière, j'échouais misérablement.

Les angoisses hippiques depuis Résina, les péripéties de l'escalade entre l'ermitage et le sommet ne m'avaient pas permis d'admirer le panorama qui, progressivement, se déroulait à l'horizon. A peine sur la plate-forme je tombe anéanti. Les mains et le cœur s'élèvent au ciel... Oh! mon Dieu!

Dans les temps fabuleux et préhistoriques, le Vésuve était, paraît-il, une simple et honnête montagne, comme ses sœurs. Quoi de surprenant qu'il ait changé de caractère! Si les Cévennes, volcans en retraite, sont revenues à la vie privée, pourquoi, blasé sur l'existence bourgeoise, le Vésuve n'aurait-il pas aspiré au dévergondage du volcan?

Le début — on n'en a pas la date — dut obtenir un beau succès. Rejetant son linceuil et se modelant en cône, le néo-volcan fit bande à part, laissant aller à la dérive et s'arranger comme il pourrait le reste du groupe social... Ce qu'on a depuis appelé la *Somma.*

Il n'est pas, Mesdames, que vous n'ayez (qui se peut flatter de n'en point avoir dans son ménage ? Moi d'abord j'en ai...) quelques vieilles coupes largement ébrêchées. Prenez l'un de ces mutilés, garnissez-le de fruits en pyramide, vous aurez notre Vésuve et ses appendices.

Les pêches ou les pommes en talus représenteront le cône, les parois simuleront le cirque intact de la *Somma*, hormis à l'ouest, vers la brêche où tout est spectacle. Tenez, Mesdames, ce que fait l'Eternel est bien fait.

Je disais donc qu'à la cime, sans m'inquiéter autrement du cratère, je me couche sur un lit de scories au vent de la fumée, pour n'en être pas asphyxié. Là, du haut de ce piédestal dont je suis l'humble et passagère statue, je vois..., je vois..., oh ! Seigneur ! tout l'arsenal de Plumette pour un pinceau !

A ma droite, Naples et ses nombreuses coupoles, le Pausilippe, Pouzzoles, la Solfatare, le lac Averne, l'île de Nisita pas plus grande qu'un mouchoir de poche, les Champs-Elyséens, le cap de Misène... A ma gauche, Pompéï, Castellamare, Sorrente, le cap Campanella. Devant moi, les îles Capri, Ischia, Procida... Sous mes pieds, Portici, Résina, Torre-del-Annunziata, Torre-del-Greco, ce pauvre Greco, renversé aux trois quarts, rasé par la débauche récente du Vésuve... A l'est enfin, coupant l'horizon, ces murailles de la Somma, frustes, fendillées, crevassées, un squelette de montagne !

N'exigez pas, Mesdames, de ma palette rurale, un assortiment inédit de couleurs pour esquisser le ciel indigo, la mer azurée se berçant, se dodelinant aux rayons d'un soleil qui lui envoie ses paillettes d'or..., et, sur cette baie, enfant gâté du créateur, les vaisseaux de ligne aux dents de bronze, les vapeurs, volcans en miniature jetant à la brise leur aigrette de fumée, et les spéronares, les tartanes, les balancelles, tout ce petit monde maritime aux voiles triangulaires, aux ailes blanches à faire rougir la neige et que sais-je encore ?

Nenni, mes bienveillantes lectrices ! Nenni !

Une pensée saugrenue me vint à l'esprit. L'une de ces voiles couvre-t-elle de son ombre quelque belle jeune fille d'Ischia ou d'Amalfi se rendant à Naples avec *il promesso* qui lui donnera la petite croix d'or des fiançailles. Ils sont là, se laissant errer au gré de la vague et de leur amour, la main, le regard, le cœur de celui-ci dans le cœur, le regard, l'amour de celle-là. Chi lo sà !

Et j'étais seul... Quand je dis seul, pas tant que cela ! N'avais-je pas autour de moi les souvenirs inspirés par cet Eden, témoin de ce qui fut grand, héroïque, terrible, monstrueux aussi, dans la fable, l'histoire, la légende, le drame et la poésie ?... Cet Eden qui, après les divinités de l'Olympe et les demi dieux de la Grèce, vit Marius, Cicéron, Virgile, Tibère, Aggripine, Néron, Sénèque, les Pline, les Normands, les Angevins, la reine Jeanne, Grégoire VII, le premier Pape-Roi, Salvator Rosa, Mazaniello, Ribera, Murat, Byron, Lamartine, notre Lamartine à nous, le chantre de Graziella ?

Il fallait cependant s'arracher à l'évocation du passé, du morceau d'ensemble passer aux détails d'orchestre. L'escorte avait hâte d'en finir. Je me levai donc et m'approchai du cratère.

La cime du Vésuve mesure en circonférence quelques centaines de pas. Au centre se creuse un entonnoir coupé, à mon époque — la situation a dû se modifier — par une digue de matières friables. Des profondeurs du cratère émerge un *cônicule*, cheminée du diable, soupirail de la fumée et des flammèches.

Si, à l'aide des guides, on s'aventure à descendre quelque peu, la vue perçoit, au-delà de l'orifice, de fauves lueurs, l'oreille entend le remue-ménage de la montagne, deux accessoires ne présageant rien de bon. De quart d'heure en quart d'heure, inexorablement chassées par la gueule du monstre, des scories incandescentes décrivent leur parabole et retombent au fond du laboratoire satanique. La fumée, une peste!

Le volcan met-il son bonnet de travers, la lave en fusion emplit l'entonnoir, puis, débordant comme d'une chaudière surchauffée, se suspend aux parois du cône, glisse avec une implacable lenteur et s'en va brûler ou étouffer tantôt Herculanum, Pompéï, Stabies comme en 79, tantôt Résina, Torre-del-Greco, n'importe quelles autres bourgades comme en 1860.

L'ébullition ne se fait guère sans secousses, ni sans feux d'artifice, ni sans produits sulfureux lancés en proportion du chargement de la pièce d'artillerie et du talent de l'artilleur. Les éclaboussures ne partent pas invariablement de la crête. Fréquemment c'est le corset qui éclate, alors l'éruption se fait jour par les flancs. Gare à ceux qu'elle rencontre au passage!

Chose étrange! La lave a mis sens dessus dessous, champs, vignobles, maisons, un ou plusieurs villages. Très bien! Les victimes s'empressent de s'arracher les cheveux et de jeter à la tète de saint Janvier toutes les imprécations de leur répertoire. A bout d'imprécations et de cheveux, voyant que cela ne mène à rien, les sinistrés laissent tiédir les laves, replantent par-dessus vignes, bicoques et, les bras croisés, attendent la reprise du mélodrame. Elle manque rarement.

Vinrent les expériences traditionnelles. Antonio me fit planter dans la cendre mon bâton que je retirai brûlant, prêt à prendre feu. Antonio gratta l'épiderme du monstre à la surface duquel le soufre parut. Antonio me fit délacer l'une de mes bottines et presque instantanément j'éprouvai la sensation d'une feuille de papier Rigollot au pied déchaussé.

Entre temps se réalisait la prophétie du guide. L'appétit s'était mis de la partie. Jamais déballage ne fut plus applaudi. Les munitions étaient élémentaires : une tranche de jambon cru, des oranges, des œufs frais.

Ah ! c'est que les œufs jouent un rôle marqué dans l'odyssée Vésuvienne ! Sous peine d'hérésie, le touriste *doit* absorber une couple d'œufs qu'il fera cuire lui-même dans la première solfatare à sa portée.

Trop orthodoxe pour devenir hérétique, trop bien élevé pour faillir aux convenances, je me mets en quête d'un fourneau. Je n'avait que l'embarras du choix : les œufs sont bientôt à point, et à la coque. Ils étaient ma foi très réussis.

Un axiôme, mieux encore une redite. Veut-on se rendre propices guides et cicérones ? qu'on leur offre une part quelconque de sa cantine, le tour est fait. Comme budget, ce n'est rien ; c'est tout, comme appel aux soins, aux prévenances, aux légendes locales si précieuses à recueillir, même aux petites sérénades, ainsi qu'il appert de l'hôtel Danieli, quai des Esclavons, à Venise.

Nous sommes, à cet égard, nous Français, bien autrement avancés que les fils d'Albion, dont la morgue résiste aux exigences de cette camaraderie d'aventure. Je toastai avec Antonio, avec les autres qui n'étaient peut-être qu'un trio de chenapans. Qu'importe ! Ce fut une explosion de joie reconnaissante, de baisements de main, de patois franco-italien à humilier les Auvergnats de la tour de Babel.

L'heure du retour allait sonner. Il s'agissait de franchir la digue transversale du cratère. Pour ce trajet, la courroie reprit son poste de combat, en vue, non de me remorquer, mais de me pêcher au besoin. L'homme à la sangle prend la tête du cortége, Antonio et l'autre me saisissent chacun par un bras et nous nous engageons sur la passerelle de Mahomet à donner le vertige.

Cet exercice nous fit aborder à la coulée de cendres qui, de la cime à la base du cône, s'étale presque à pic. Epouvanté, je recule.

Par bonheur, je vois au milieu de la côte se déployer une caravane de touristes montant, montant. Je me fais ce raisonnement, assez fort de logique, que ce qui se monte peut se descendre, et, partant de là, je me livre de rechef au poignet des guides, recommandant mon âme et regrettant d'être parti sans avoir fait mon testament.

Les guides m'enlèvent. Ils m'entrainent avec eux dans une course vertigineuse le long de ce fleuve de cendres fines et pour ainsi dire porphyrisées. Un faux pas et, tous les trois, nous roulions dans l'abîme. Seul, j'aurais fait vingt culbutes. Sous l'étreinte nerveuse de mes hommes me secouant comme un plumeau, je vais, je vais toujours, goûtant je ne sais quelle âpre volupté à me sentir, trombe lyonnaise, emporté dans les espaces napolitains, si bien qu'au bas du cône je ne peux retenir un : Tiens ! tiens ! déjà !

Triste et horrible découverte ! La zone inférieure de

mon pantalon s'était littéralement transformée en guipure. Les bottines de cuir de Russie offraient à la vue de nombreuses solutions de continuité... et inquiétantes donc!

Je me reposai quelques minutes en terre ferme, à l'*atrio di cavallo* devant lequel nos *cavalli* nous attendaient cherchant à brouter une herbe parfaitement illusoire. Adieux sommaires à l'escorte qui donne un coup de main au guide pour, à eux trois, me hisser sur mon palefroi. Il reprend, en sens inverse, l'impitoyable galop du matin, avec ce fâcheux amendement qu'aux chances de naufrage à tribord ou bâbord venait s'allier celle de passer par-dessus bord.

Je veux dire par-dessus la tête de Léonora.

Léonora! — Je vous demande pardon, Mesdames, de l'avoir oublié — Léonora! c'était le petit nom de ma haquenée.

Plus tard, en l'an de grâce 1865, on a eu quelques relations peu suivies avec le Stromboli, placé comme quille ou comme un phare dans le groupe des îles Eoliennes, volcan de poche, rageur en diable, toujours en feu, puis avec le géant de la Sicile, l'Etna, qui marie flamme et fumée aux neiges éternelles de son pic.

Eh bien! satisfait du Vésuve, on n'a pas eu la moindre velléité d'aller flirter avec ces deux personnages ni voir ce qu'ils ont dans le... cratère. Avec quel bonheur je vous revis, ô Résina! ô mon corricolo! Le temps de prendre le coup de l'étrier en reconnaissance de ne l'avoir pas perdu malgré Léonora, je m'enfouis... au fond de la patache dont les roues se mettent à filer dru.

A peine en route — comment aborder ce détail? — je

perçois certaine sensation cuisante. L'affaire des bottines avait un écho.

O Léonora ! Léonora ! quelle bête !... mais aussi quelle selle !

Finalement, ballotté de ci, ballotté de là, sans trouver de centre de gravité tolérable, maugréant comme un chat, grimaçant comme un singe, le martyr du Vésuve vient échouer à l'*Albergo di Genova* où il fallut le radouber de fond en comble.

A sept heures, clopin, clopant, à demi-présentable, je fais mon entrée dans le tryclinium de mon hôte B... Le dîner fut de ceux dont :

« *La mère défendra la serviette à sa fille !* »

Agapes de vieux garçons, épicées, croustilleuses, paradoxales. On y mangea du Jésuite à discrétion.

Pas moi, non certes. Je faisais triste figure, ne pouvant lutter contre la prostration, dormant à moitié, le nez dans mon assiette. Oh ! que j'aurais de grand cœur remis au jeune piqueur de Résina une seconde demi-piastre pour l'avoir à mes trousses, lui et son aiguillon !

Vers dix heures les convives eurent pitié de moi. La question à l'ordre du jour fut de m'emporter, à quatre sur leurs épaules comme un soldat blessé, du champ de bataille à l'ambulance. Je poussai des cris de paon, lorsqu'une capitulation très honorable vint décider de mon sort.

Je rentrerais au bras de deux de ces messieurs. Les autres fermeraient la haie, et je m'irais coucher.

Hélas ! Mesdames, les hommes proposent et Dieu dispose, à Naples comme partout. Or, vers un angle de la Strada-Medina-cœli et du môle, ne se trouvait-il pas une brasserie allemande importée récemment par une Française qui y a fait fortune ?

Une halte était indiquée. Jolie halte en vérité ! Brise de la mer, firmament criblé d'étoiles, bavardages politiques à vol d'oiseau, récits de voyage, balivernes d'art, de théâtre et de littérature, souvenirs de la patrie absente..., et le reste..., tout concourt à faire oublier à mes compagnons leur blessé, à lui ses blessures.

Une miraculeuse résurrection, oui, Mesdames! Lors donc que solide et ferme, sans le patronage d'aucun bras, j'entrai dans mon belvédère, l'aurore aux doigts de rose allait prendre son trousseau de clés pour entr'ouvrir les portes de l'Orient.

Il était temps de se mettre au lit. Dix minutes après je dormais d'un œil, l'autre allait suivre. Tout à coup je me sens secoué par une détonation à réveiller les vivants et les morts.

S... N... (Gros péché de jurer de la sorte ! que voulez-vous, ô lectrices, la surprise, l'exaspération, la mise hors les gonds) nom de nom ! il n'y a donc pas moyen de reposer dans ce brigand de pays !... Le Vésuve qui saute ? Voyons !

Je me précipite vers la fenêtre... Pas le Vésuve, non, mais le roi Victor-Emmanuel entrant dans le port, salué à coups de canons, par l'artillerie des trois flottes combinées.

Au même instant, s'entre-baille la porte de la terrasse voisine. Le Franciscain — lui sans artillerie — fait son entrée aussi.

C'était l'heure de l'*Ave Maria*.

CHAPITRE III

POMPÉI — PŒSTUM

§ Ier. — POMPÉI

Tolède, ce rendez-vous séculaire des foules, des bousculades, des vacarmes napolitains, commence au Palais royal et finit au *Muséo-Borbonico.*

Vaste caserne d'architecture massive, le musée Bourbon donne asile à l'armée sur pied de guerre, des sciences, des arts et de l'archéologie. Bibliothèque nationale, galerie de tableaux, statues antiques à pied et à cheval, l'Hercule Farnèse, aéropage de Vénus, callypiges, anadyomènes, pudiques et... autres.

Pardessus tout, Mesdames, les inestimables trésors exhumés à Stabies, Herculanum et Pompéï : fresques, lampadaires, vases Italo-Grecs, outils, bijouterie, lingerie de ménage, batterie de cuisine, jusqu'à du pain et du blé, récolte de 79.

Tout un pandémonium archéologique, ce diable de musée sans rival.

Sous une vitrine, se trouve un bloc de cendre durcie ayant reçu l'empreinte de deux seins de femme merveilleusement tournés.

Cela fait à la fois rêver et pleurer.

C'est qu'au dire des savants, les originaux de la moulure paraissent avoir appartenu en toute propriété et jouissance à l'une des filles d'Arius Diomède, sorte de Rothschild pompéïen dont la maison patricienne est, à mon sens, la plus complète, la moins maltraitée de la ville morte où nous allons, et où je vous prie, Mesdames, de me suivre.

Tout en furetant le long du train *Naples-Vietri*, je m'entends héler par une voix connue :

— Holà! V...

— *Qui è?...*

— Vous ici?

— Moi ici!... *Que vois-je, ô ciel!* J... F!...

— Et vous allez bien?

— Pas mal, et vous?

La voix était d'un Lyonnais naturalisé parisien, d'un camarade de salle des pas-perdus, avocat devenu célèbre à titres divers.

J'étais, Mesdames, à quelques cents lieues de m'attendre à saluer sa présence. Bonne fortune, d'autant qu'elle avait en *post-scriptum* un *duo* de compatriotes du meilleur monde évidemment, le mari entre deux âges, décoré comme pas un; la femme, d'une distinction rare, mais d'un myopisme à rendre les verres bleus de mes lunettes, ternes et pâles de jalousie.

Les exclamations apaisées, mon avocat vaque aux formalités d'usage :

« Madame, Monsieur, permettez-moi de vous pré-
« senter mon ami L... V..., de Lyon. — Mon cher V...,
« j'ai l'honneur de vous présenter M. et Mme de T..., de
« Paris. »

Bigre! à ce nom mon salut prend la tournure d'un accent circonflexe.

Séance tenante, nous convenons de visiter à nous quatre les ruines de Pompéï. Je me glisse dans le compartiment français, la locomotive se prend à siffler en italien et, demi-heure après, stoppe à la station.

Que n'étais-tu livrée au public, le 23 novembre de l'an 79, petite gare de quatre planches clouées à peine! Dieux immortels! que de billets d'express pour échapper au Vésuve! La ligne de Naples à Pompéï est venue dix-huit siècles trop tard.

Pompéï ne se découvre ni de la Strada-ferrata, ni de la route de terre. Les ruines sont encaissées dans une moraine de déblais. Au pied du talus, l'hôtel Diomède, abominable *osteria* que je recommande... à mes ennemis.

A quelque pas de ce coupe-gorge culinaire, on s'engage — édiles pompéïens, voilez-vous la face! — dans un tourniquet comme à la *ficelle* de notre Croix-Rousse, un prosaïque tourniquet manœuvrant automatiquement à l'aspect d'une pièce de *due lire*, et l'on tombe dans un corps de garde meublé de pacifiques troupiers en uniforme de coutil, képi en tête, sabre au flanc.

Des poteaux fichés en terre de ci, de là, portent, dans les idiômes les plus variés et les plus connus, à la connaissance du public, qu'il est interdit :

1° De toucher aux bibelots artistiques disséminés dans les ruines;

2° De rien emporter, ni maisons, ni temples, ni thermes, ni théâtres;

(Ceci pour messieurs les Anglais, grands collectionneurs devant Dieu et devant les hommes.)

3° D'offrir un centime de pourboire aux cerbères de la cité fossile.

Ce qui, tout en respectant la lettre de l'ordonnance, ne les empêche guère d'en violer l'esprit. Ces messieurs se rattrapent sur les vues photographiques, dont ils tiennent un choix aussi lucratif que médiocrement artistique.

Vous n'aurez rien de moi, lectrices, sur Pompéï, pas même une esquisse. Je vous renvoie à *Marc Monnier* et à son beau livre *Pompéï et les Pompéïens* (librairie Hachette et Cie, 1865). La prose de notre compatriote ne vous fera pas regretter le patois de votre rapsode.

C'est vrai comme l'Evangile selon saint Luc, humouristique, leste et pimpant comme de l'Alexandre Dumas, Dumas l'ancien.

Qu'on prenne ma tête, je dirai toujours que Pompéï est la plus émouvante curiosité de l'Italie. Je l'ai vue, revue, la pauvre cité martyre, et le jour où plus rien ne le retiendrait au foyer, le vieux touriste se hâterait de secouer la poussière de son sac vide et de le boucler pour aller là-bas porter son dernier hommage et ses suprêmes adieux.

La voûte d'entrée franchie, le visiteur se heurte au forum, aux temples de Jupiter et de Vénus. La pensée se reporte alors au jour de l'engloutissement. On montre le poing au Vésuve dont le cône Pompéïcide se dresse à l'horizon. L'âme est saisie d'une respectueuse pitié, la tête se découvre comme au passage d'un cercueil.

Le charme de la pauvre Campanienne n'est pas dans ses monuments publics, non. Dimensions modestes, modestes aussi les lignes architecturales. Rome aurait vu d'un œil jaloux la cité provinciale lutter de grandiose avec le Colysée, de majesté avec le Panthéon.

Attrait intime, irrésistible, tyrannique. Il est, Mesdames, dans la rue même avec ses trottoirs, ses carrefours et ses ponceaux en cas d'averses, dans la maison bourgeoise, les thermes, la caserne, la taverne, etc., etc. Vous entrez là dedans, l'ombrelle à la main, et vous voici tout de but en blanc, initiées à la vie domestique, au ménage, au coin de feu romain. Attention! Vous allez voir sortir pour se rendre aux comices un *Cornélius* quelconque drapé dans sa toge de laine blanche, ou bien entendre la matrone *Flavia* gronder du fond de son *venereum* la petite bonne *Poppéa* qui va laisser brûler le rôti.

Ici l'*atrium* et son *cave canem*, là, le péristyle. A droite les chambres à coucher, à peine des cabines. Plus loin le *triclinium*, la cuisine et, tout honteux dans un recoin *d'icelle*, le numéro calembour que les convenances m'invitent à ne pas nommer.

Nous ne l'aurions pu flairer sans le secours du guide, tant soit peu clerc en archéologie.

— Pourtant il y en avait, fait l'avocat.

Moi. — Il devait y en avoir.

Monsieur de T... — Il en fallait, que diable!

Le fait historique est qu'il y en avait, mais si exigus, si minuscules...

Au demeurant, le *home* du citoyen de Pompéï, en dehors de Siricus, Diomède, Pansa, Lacrétius et des grands du monde, était généralement d'une rare étroitesse.

Et nous clabaudions contre nos magasins, contre nos appartements étriqués... Ingrats ! Vous n'auriez pas, Mesdames, donné quatre cents francs d'un *vaste local* dans la rue de l'*Abondance*, quartier général des maisons de banque et des gros bijoutiers de l'époque.

A l'extrémité de la rue des tombeaux, le Père Lachaise de là bas, maison légendaire de Diomède, habitation de ville et de campagne établie sur de grandes proportions. On se promène encore le long des galeries, on descend dans les celliers où s'étaient réfugiées, au nombre de dix-sept, la femme, les filles et les esclaves du maître de céans retrouvé contre la porte bâtarde du jardin. Le lâche fuyait, sauvant la caisse, mais oubliant la famille.

Les caves résistent, les amphores de terre cuite y sont toujours alignées, attendant la récolte nouvelle qui ne vient pas. Des dames Diomède et de leurs soubrettes, plus rien, sinon les deux seins moulés et livrés aux regards des amateurs, ainsi que l'a dit Plumette à propos du musée Bourbon.

Un Anglais, visiteur comme nous, s'amusait à gratter la cendre voisine. Les guides s'en aperçoivent. Ah ! le beau tapage ! Si énorme attentat réclamait un châtiment exemplaire, il n'y allait pas moins que d'empoigner le délinquant et de le conduire au violon. Nous intercédâmes en faveur de l'insulaire. Mais il dut rebrousser chemin sous l'escorte de son garde-ruine, se laisser mettre à la porte de Pompéï et s'en aller faire dévaliser à son tour à l'hôtel Diomède, en attendant le train de Naples.

J'hésite fort, lectrices, à risquer cet autre épisode..., un casse-cou, un affreux abîme, je vois cela d'avance. Essayons cependant.

Marc Monnier se garde bien, le sournois! de l'enregistrer ostensiblement. (Excusons-le, son livre étant dédié à la bibliothèque des jeunes filles.) Mais il le reconnaît de bonne foi, Pompéï s'était voué à la fille de Jupiter et de Dioné. Vénus était la patronne Sacro-Sainte de la Nice Campanienne. Or, pas de culte sans clergé, pas de clergé sans temple, pas de temple sans frontispice..., tout au moins sous le règne du polythéisme.

Nous passions devant l'un de ces temples. A cause de notre compagne, le cicérone *oubliait* de nous en signaler la divinité. Mais, voyez l'odieuse chance : ne voilà-t-il pas que Madame de T... s'avise de braquer son pince-nez sur le frontispice?..

J'étouffe un rire homérique. Ardent à la réplique, l'avocat me détache au flanc de formidables coups de coude. Monsieur de T... entraîne Madame qui n'a pas l'air de comprendre, tandis que nous, vieux libertins, profitons de cet entraînement pour visiter à l'intérieur le sanctuaire, veuf de prêtresses et de fidèles. Les fresques survivantes peuvent concourir *honorablement* avec ce que le musée Bourbon garde de plus secret et de plus décolleté.

Notre baromètre remonte au sérieux. Les guides nous promènent à travers les hôtels à fresques de Pansa, Quiritus, Lacretius et de quelques autres notabilités.

Fresques aux tons frais encore et chatoyants, statues frustes et généralement dans un bel état de conservation, mosaïques, affiches imprimées à la pointe d'un couteau, circulaires électorales, boutiques de tous genres.

Ne vous donnez pas, Mesdames, le souci de chercher un pan des toitures. Le Vésuve les a dévorées.

Enfin, nous suivons nos cicérones dans la maison des squelettes. Ils sont là quatre, un homme, un colosse tombé fièrement, le regard fixé sur le déluge de cendres et de pierres enflammées, une jeune femme qui devait, au jour du drame de 79, se trouver dans ce que nous appelons, par euphémisme, une situation très visiblement intéressante. A l'un de ses doigts une bague d'argent, l'anneau nuptial, cela va de soi.

Enfin, Mesdames, et surtout ce groupe lamentable d'une mère et de sa fille se cachant, la tête éperdue, pour ne pas voir la trombe de cendres et de pierres ponces qui va les enterrer vivantes, et mourant, pressées l'une contre l'autre.

Lisez Monnier, Mesdames, lisez Monnier. Il vous détaillera le procédé si simple à l'aide duquel le chevalier Fiorelli et quelques sacs de plâtre très fin, ont pu nous conserver ces revenants et ces martyrs.

A force de baguenauder parmi les places et les rues de Pompéï, l'heure de l'appétit était sonnée, l'heure du départ ne tarderait pas à en faire autant. Nous courons à l'auberge Diomède où sont dévorées, sans miséricorde, sinon sans efforts, quatre côtelettes contemporaines de l'ancienne colonie romaine, flanquées d'un fromage invraisemblable et d'un vin fade et doucereux à faire soulever d'indignation des cœurs grandis dans le culte de leurs vins de France. Nous jetons un regard envieux sur la *lista : venti cinque lire!* Horreur!

On veut bien se laisser écorcher, mais à la condition de crier... Tout Melun sait çà !

Ce fut donc un tournoi d'explications vives et animées, auxquelles, par reconnaissance, l'Anglais collectionneur voulut bien apporter son gracieux appoint.

Et dire l'échange international qui se fit alors entre nous quatre anglo-français (Madame de T... se tenant à l'écart), et le gargotier napolitain, d'injures cosmopolites! Canaglias, voleur, birbantis, pick-pocket, gibier de potence, empoisonneur, ruffiano ! Je pourrais en ajouter d'autres, mais je n'ose par respect pour les oreilles de mes lectrices.

Les plus *montés* de nous quatre, les plus éloquents, furent sans conteste mon ami l'avocat et Monsieur de T...

Parbleu ! l'un était de l'Institut, l'autre devait s'y faire préparer un fauteuil par trente-neuf tapissiers.

La cloche de la gare se fait entendre. Après avoir en poche un acquit en règle, nous filons, écrasant Diomède sous le poids de malédictions héroï-comiques, les mains crispées, l'œil en feu, sublimes à dérider un naturel des îles Hébrides.

Nous devions nous séparer au quai de la station. Mes co-touristes de quelques heures retournaient à Naples ; moi j'allais plus loin, aux confins de la Calabre, tenter l'excursion plus ou moins critique des temples de Pœstum. Nos adieux furent bons et courts :

— Si vous venez à Paris ?...

— Si vous passez par Lyon ?

Mesdames, quand vous irez à Naples, n'oubliez pas, au musée Bourbon, ces deux seins moulés dans la cendre du Vésuve, ni à Pompéï cette pauvre mère et sa fillette !

§ II. — PŒSTUM

Les albergos italiens se suivent et ne se ressemblent pas. A peine hors des griffes de Diomède, je tombai dans les bras, cette fois très hospitaliers, *Della Vittoria* sur le quai de la marine à Salerne.

Route enchanteresse depuis Pompéï. *La Cava* ! une vallée des Alpes éclairée par le soleil de Naples. Je prends congé du chemin de fer à Vietri, posté comme un phare au sommet d'une falaise d'où l'on a sous les talons Salerne, premier sanctuaire de la médecine moyen-âge, école de carabins dès le xe siècle. A droite, la côte d'Amalfi qui fut, après la déconfiture de Ravenne et de son exarchat, une petite république de grand renom. Devant soi, la mer.

Au seuil de la gare je faillis être tiré à quatre... *vetturini*, sous prétexte de droits primordiaux sur la personne *del Signor forestière*, et son transport comme simple ballot de denrées coloniales...

Après une lutte à outrance renouvelée des jeux olympiques, et de tes premiers ténors... immortel Rossignol-Rollin !... je fus *tombé*. Le vainqueur enleva sa proie dans un corricolo vert-pomme qu'il mit au galop sur la route en lacets se dévidant le long de la falaise déjà signalée, au risque de précipiter le client dans la mer

Tyrrhénienne faite pour être admirée, mais autrement qu'à la nage.

Et voici comment, n'est-ce pas, Plumette? nous fûmes jetés sans naufrage à bord *della Vittoria*, que je recommande, celle-ci, à mes amis... à vous, Mesdames!

Lorsqu'en un jour de largesse, Dieu me remit une clé de son royaume d'Italie, deux indomptables désirs m'avaient de vieille date envahi... Venise, mon introduction; Pœstum, mon couplet final. Pœstum! les colonnes d'Hercule par dessus lesquelles peu de touristes font le saut périlleux. Pour s'aventurer plus loin, il faudrait être aspirant à l'Antiquaille, ou candidat à quelqu'Institut..., savant ou fou.

N'étant ni fou ni savant, je m'en tenais à Pœstum, mais avec acharnement, au prix de dangers possibles, sinon certains.

— Mais enfin, Monsieur! que va-t-on voir à Pœstum?

— Soyez patientes, chères Mesdames! Daignez écouter un vieux rapsode.

Bien avant que la Ville éternelle fût fondée, avant que Romulus et Rémus eussent été mis en nourrice chez une louve, ainsi qu'il appert des archives du Capitole romain, certaines colonies de Phéniciens, d'aucuns affirment de Sybarites, débarquèrent un beau matin sur la côte de Lucanie, plage basse se laissant aller en pente douce à la mer.

Ils y trouvèrent un champ de roses et s'y installèrent.

Ces roses avaient une parfum satanique. Virgile l'a décrit en vers latins que je me garderais bien de traduire en prose française... Il était assez qu'une fillette respirât l'ivresse dans l'une de ces roses purpurines pour n'être plus digne de la fleur d'oranger remontée au ciel.

Ceci tuait cela.

Sybarites ou — ce qui m'est parfaitement égal — Phéniciens campèrent, disons-nous, à *Posidonia* dont la syntaxe latine a fait *Pœstum* et la grammaire italienne *Pesto*. Ils y bâtirent une ville, des temples et s'y prirent de telle façon qu'ils inventèrent, sans le vouloir, un sixième ordre en architecture..., l'ordre de Pœstum.

Le Toscan, le Dorique, l'Ionique ont la grâce naïve et la désinvolture de la seizième année. Le Corinthien, le Composite étalent les bijoux, les dentelles et les fanfreluches d'une grande dame. Le Pœstum, lui, s'est réservé la noble carrure, l'irrésistible majesté de l'impératrice.

Et la preuve, Mesdames, c'est que, rongée par les morsures de trois mille ans, la ville a disparu laissant émiettés sur place de rares vestiges qu'il faut interroger au microscope. Les roses, qui s'épanouissaient à tout le moins deux fois l'an, n'ont guère que de pâles rejetons, tandis que les temples..., les temples sont debout, peu résolus à la transportation ni à l'effondrement.

Ces temples, à peu près en alignement sur la mer, produisent un effet grandiose. Impossible de n'être pas frappé de la solidité de leurs massives colonnes se soutenant par un miracle d'équilibre, sans ciment ni crampons de bronze, ni rien de l'attirail mécanique de la maçonnerie moderne.

Ce qui donne à ces patriarches de la bâtisse un caractère étonnant, c'est la saillie immodérée du tailloir, grande dalle portée sur l'échine ou la moulure de la colonne, et supportant elle-même l'architrave. Cette saillie et le chapiteau concourent à inspirer au visiteur le sentiment de la force extraordinaire des monuments qu'il a devant les yeux. Les colonnes sont cannelées, de forme visiblement conique. Elles n'ont pas de base.

Toujours bavarde comme une concierge, Plumette tient à dire qu'en certain quartier de Lyon, son seigneur et maître possède une bicoque dont l'escalier repose sur deux colonnes de l'ordre de Pœstum. Il en est très fier.

— Monsieur, de grâce! assez d'archéologie !

— Je veux bien, Mesdames. A qui la faute? Pourquoi demander ce qu'on va faire à Pœstum ?

De Salerne à Pœstum douze lieues, ancien style. Elles n'étaient pas sans me souffler une sorte de venette. On parlait de désert, de brigandage, de cent diableries surnaturelles. Tout d'abord j'avais eu la pensée de me garnir de revolvers, d'aller au besoin jusqu'à la pièce de campagne. Après de mûres réflexions, je finis par conclure que je déposerais dans la caisse de la *Vittoria* ma montre et ma bourse, n'emportant pour armes offensives et défensives, que mon parasol blanc et la foi dans mon étoile.

Le parasol tient toujours, la foi aussi. L'étoile se transforme en une nébuleuse. Telle qu'elle est, je m'en contente.

Après une exécution brillante des plats du jour portés sur la carte de l'hôtel, j'avais, le dessert venu, cité à comparaître devant moi l'*Impressario* en personne, *aux fins* de lui faire subir un interrogatoire sur l'état physique et moral de la route.

— Pardieu, Monsieur ! — le digne homme s'exprimait et jurait en français — pardieu ! vous arrivez dans un bon moment. Voici le *bando* (salut) de Son Excellence le général commandant la division militaire de la province de Salerne, que je viens de mettre au clou.

— Le Général ?

— Eh ! non, le *bando*. On avertit Messieurs les touristes que le *camino real* de Pœstum est gardé par des patrouilles de carabiniers.

— Bravo ! cher hôte ! C'est que, voyez-vous, je tiens à ma peau.

— Naturellement. Que Votre Excellence soit tranquille. Demain, à la pointe du jour, la meilleure de mes calèches stationnera devant l'hôtel. Vers neuf heures, vous serez aux temples. Je me charge de la cantine.

— Avec ou sans cantinière ?

— Sans cantinière, Excellence ! Que diable, on a des mœurs.

— Ou on n'en a pas !

— Par exemple, Monsieur trouvera certain Capri que je recommande à sa bienveillance.

— Eh ! eh ! le vin de Capri n'est pas de société compromettante, ni à dédaigner.

— A trois heures, la calèche prendra la direction de Salerne où vous arriverez pour le dernier train de Naples. Au pis aller, Votre Excellence serait condamnée à faire à ma *Vittoria* l'honneur de dormir une seconde nuit sous son humble toit.

— Vous m'allez ruiner, cher hôte !

— N'ayez peur, Excellence. Mon père était Français, soldat du roi Murat (autre salut), et, vous comprenez, entre compatriotes...

— Mais il est charmant, le diable m'emporte! Allons, mon hôte, je me remets entre vos mains. Si je suis arrêté, volé, fusillé, je vous déclare responsable. A la grâce de Dieu et de Son Excellence!...

— Le Général commandant...

— La division militaire... Entendu, entendu!

— Bonne nuit, Monsieur. Dormez en paix.

— Merci!

Dormir! Je n'en avais guère souci. Le directeur de la *Vittoria* m'avait traitreusement mis en réserve sa chambre d'honneur ouvrant sur un balcon.

Le balcon surplombait la marine, prenait en enfilade la *feue* République d'Amalfi, embrassait à perte de vue cette douce et poétique mer Tyrrhénienne, belle à faire damner tous les Océans de la création. La lune contemplait son disque et se faisait toutes sortes de risettes devant le liquide miroir.

Dormir! Pour qui me prends-tu, monstre d'hôtelier? N'en croyez rien, Mesdames. Dormir! non; rêver, oui. J'allume un cigare, j'en allume deux, et, de cigares en cigares, de rêveries en rêveries, je me fais, solitaire, un trésor de poésies sans rimes ni raisons.

Minuit, une heure tintèrent au dôme sous les voûtes duquel repose le moine Hildebrand, l'une des plus sombres et des plus grandes figures de la papauté, sous le nom de Grégoire VII, le fougueux agitateur du onzième siècle, mort à Salerne, exilé.

Je me jetai tout habillé sur mon lit roulé jusqu'à la

porte-fenêtre du balcon, et, si mes yeux se fermèrent, ce fut malgré eux et malgré moi.

Quatre heures. Formidable *Presto, presto! Excellence!* qui détonne et me fait cabrioler comme une dorade. Je descends l'escalier quatre à quatre, et, sous la véranda du caravenserail, je trouve l'équipage, fidèle au programme de la veille. Je le passe en revue.

C'était une plantureuse calèche découverte, à deux chevaux pomponnés et emplumés comme deux suisses de cathédrale, avec chapelets de clochettes argentines et de médailles au type de tous les saints en renom dans la province de Salerne.

Le cocher se prélasse dans sa veste et sa culotte de velours bleu, boutons argentés, chapeau calabrais en tête, rênes et fouet en mains. Le service des vivres est à son poste : « *Va bene! Avanti, mio amico! Avanti!* » Nous détalons à grand train.

Route inculte, déserte, lamentable, grosse d'aventures, tracée tant bien que mal le long des plaines marécageuses, laboratoires en activité des fièvres les plus enragées. De ci, de là quelques hameaux sordides, nombreux taillis, échappées de vue sur la mer.

Nulle patrouille de carabiniers.

L'équipage trotte vigoureusement au devant d'un cours d'eau, le *Sele* très encaissé entre deux berges abruptes. Le pont, construit sous Murat, ayant été enlevé par un caprice du *fiumino*, le gouvernement a fermé les yeux et s'est bien gardé de le rétablir. On passe dans un bac.

Or, précisément, de grands buffles noirs à cornes démesurées, se disposaient à s'embarquer. Il va falloir faire queue, attendre et perdre trois quarts d'heure. Malédiction ! Les mariniers, par une mimique expressive, me font entendre que les buffles ne sont pas pressés, qu'ils me cèderont le pas, qu'il y aura moyen de s'arranger : « *Buono ! Buono ! Capisco !* »

Et ma foi ! ne faisant ni un ni deux, je lâche mon demi ducat. Dites, ô lectrices ménagères ! dites, ne m'auriez-vous pas imité ?

Au-delà du *Sele*, la région prend un aspect plus rébarbatif encore. La malaria n'y garde aucune retenue. Devenus plus épais, les mâquis ne disent rien de bon. De minute en minute le cocher se levait, anxieux, fouillant du regard les profondeurs du bois. De confiance, à la suite du cocher, je me livrais au même exercice, sans trop en saisir l'à-propos.

Et pas de patrouille, Mesdames. Pas plus de patrouille que dans vos salons ! Oh ! Général ! Général !

Soudain, la veste de velours bleu fait volte-face. Les traits du cocher se dérident et la mèche de son fouet me désigne à distance une troupe montée : *Signor ! Signor ! Cavallieri !*

C'était le peloton de carabiniers armés jusqu'aux oreilles, coiffés du képi de toile à bavolet retombant sur leurs épaules comme digue à l'encontre des rayons du soleil calabrais.

Les bons gendarmes formaient un corps d'armée s'élevant jusqu'à vingt héros, cadres compris... Trop ou trop peu ! Trop pour rosser une demi-douzaine de chenapans, trop peu pour éclairer la route qui, le peloton hors de vue et de carabine, redevenait le domaine des guerilleros de grand chemin.

A la hauteur de la calèche, l'officier du détachement me fait le salut militaire. Je lui rends le salut civil. Tout est bien, très correct. Au revoir, mon lieutenant!

Enfin là bas, loin encore, émergent comme *Vénus du sein de l'onde* et se dressent en découpant leurs silhouettes sur le ciel passé à l'indigo, trois masses colossales dorées au bronze florentin.

Terre ! terre ! oui, Mesdames ! la terre promise à l'humble touriste de Chanaan..., la trinité des temples de Pœstum !

On eut un éblouissement d'émotion et d'orgueil à peine dissipé lorsque la calèche stoppa devant un bouge plus misérable et plus repoussant que les créations du cauchemar en une nuit d'orage et de tempête.

Là, je suis cerné par un groupe de sacripants artistement déguenillés... Œil africain, teint bistré, dents blanches, aiguisées à croquer le temple de Neptune...

Au demeurant, hâves, fièvreux, tributaires de la malaria jusqu'au *De Profundis* inclusivement. Pauvres diables horripilés et horripilants !

Ne le redites pas, Mesdames, à votre mari, à vos fils qui sont infailliblement des braves, mais, entre nous, je n'était pas rassuré... non certes !

Par bonheur, le cerbère des temples, un dur à cuire, un garde-ruines à tous cris vint me débloquer à propos. Il me fit comprendre que lui et ses bibelots étaient à ma disposition.

Laisser à l'écart et dans l'oubli la basilique et le temple de Cérès, deux des trois sanctuaires phéniciens est un déni de justice, une sorte de sacrilège. Il me les faut pardonner. Je ne peux évoluer à mon gré dans un cadre aussi restreint que le mien. Tout au plus ai-je une petite place à offrir au temple de Neptune, s'il veut bien se gêner et faire preuve de quelque bon vouloir.

C'est qu'après le Parthénon d'Athènes, *mon* temple est le legs le plus opulent fait à l'architecture par l'art oriental et l'antiquité perdue dans la nuit de l'histoire.

Ce fut donc le chapeau à la main que j'abordai la gigantesque colonnade inondée de soleil. Les flots venaient avec mélancolie lécher les blocs de travertins que n'ont pu déraciner trente siècles d'invasions barbares, de tempêtes politiques et de tremblements de terre.

J'étais là, seul, plongé dans une respectueuse contemplation, étudiant les lignes profondes, les puissants talloirs, les restes d'architraves, sans me soucier autrement de deux énormes chiens calabrais me flairant aux mollets ni de grands lézards fuyant par centaines dans les hautes herbes. Du bout de mon parasol je donnai la chasse à deux ou trois serpents dont la curiosité me parut déplacée.

Oh ! Mesdames, sans mes têtes de Méduse dont les rires sauvages résonnaient du bouge à mes oreilles, j'aurais déployé mon plaid de voyage et bivouaqué la nuit sous le plus vénérable *ex-voto* que le polythéisme anté-chrétien ait consacré au dieu Neptune et à son trident.

Entre temps, le custode des temples et l'automédon de Salerne paraissent sur l'avant-scène, portant, à eux deux, la cantine des flancs de laquelle s'échappent les vivres de campagne et ce fameux Capri ! Noble et loyale *Vittoria !* sois bénie ici-bas et là-haut !

Nous entamons pieusement, à nous six, le menu providentiel. Nous six, oui, Mesdames. Plumette et moi, les chefs de la caravane, le garde-ruines et l'automédon, nos invités, les deux mâtins Calabrais qui se sont invités eux-mêmes.

Drôles de bêtes ! Drôle de déjeûner !

Le cocher n'avait avec notre idiôme aucune espèce de relations, le garde en estropiait quelques lambeaux. Il savait d'ailleurs ses temples sur le bout du doigt ; si bien qu'à la dernière orange du dessert, l'histoire politique et privée de Pœstum se trouvait épuisée, le Capri aussi.

Les rayons du soleil à son déclin se plaquaient en lames d'or contre les colonnades des trois temples. Voici l'heure de lever la séance. J'allais faire une dernière ronde autour des vétérans du paganisme, lorsqu'à ma profonde surprise je vois poindre à l'extrémité, sortant comme d'une trappe, un groupe de touristes effarés.

De ce groupe partent des cris d'appel, presque d'alarme : « *Lucy ! Edward ! Edward ! Lucy !* »

Evidemment, le petit cénacle ne peut être que d'importation anglaise, et semble pour le moment à la recherche de deux déserteurs, deux égarés de sexes divers, *Lucy ! Edward !* Mystère !

Déjà se manifestent avec une intensité croissante les élans d'inquiétude. — Echo sourd-muet. — Les angoisses redoublent, partagées entre la France, l'Italie et la Grande-Bretagne. On s'allie, on combine ses forces et ses poumons en vue d'un réappel et d'une battue générale, lorsqu'au bout, tout au bout de la colonnade cyclopéenne, côté de la plage maritime, le chœur des muezzins voit s'avancer deux ombres, deux cousins peut-être, dont une cousine. Lucy, Edward, bras dessus, bras dessous, nonchalants, rougissants, épanouis autant que la rose de Pœstum dont Lucy respirait l'infernal parfum.

Pauvres enfants !

Le retour fut absolument la reproduction de l'aller. Autour de la calèche, même club calabrais, à mi-chemin même patrouille de carabiniers, même gymnastique du cocher à l'approche des mâquis; enfin, sur les rives escarpées du *Sele*, même rassemblement de buffles noirs prêts à négocier leurs billets de bac.

On ne me fera démordre qu'ils fussent en carton, ces buffles, ou empaillés, ou bien loués à l'année pour être agréables aux touristes pressés, moyennant juste et préalable indemnité.

O ma bonne étoile! Je rentrai sain et sauf à Salerne, assez tôt pour l'ascension de la falaise et le dernier train de Naples. Mes adieux étaient faits à la *Vittoria*, nos comptes réglés, nos mains se serraient. Vint un souvenir :

— Cher hôte ?

— Excellence !

— Faites-moi le plaisir de me dire pourquoi votre cocher se trémoussait périodiquement au voisinage de tel ou tel taillis ?

— Dame ! Excellence ! pour voir si les taillis ne servaient pas de cachettes aux *ladroni*.

— Merci !

Et je prends la fuite dans la direction de la gare.

A dix heures, j'étais à Naples, hôtel de Genève, sixième étage. Bonne journée, mais rude. Moulu, fourbu, détraqué, je m'allai coucher bien vite, sans regarder même si l'oraison du soir se récitait encore chez la voisine d'en face.

Trois jours après, dans les journaux de Naples, aux Faits divers, on lisait ceci :

« Hier, deux voyageurs anglais ont été arrêtés sur la route de Pœstum, à deux mille de *Battipaglia*. Les brigands ont entraîné leurs prisonniers dans la montagne. Ils exigent trente mille ducats de rançon. A demain les détails. »

L'incident fit un bruit épouvantable. La diplomatie jeta feu et flamme. L'ambassade britannique se hâta d'avancer les trente mille ducats contre la restitution des otages. Elle se fit délivrer une facture et l'envoya signifier au gouvernement de Victor-Emmanuel par un huissier blindé, du nom de *Warrior*, si je me souviens, de la force de quarante canons et de six cents chevaux.

La facture fut acquittée à présentation. On mit en disponibilité Son Excellence le Général commandant la division militaire de Salerne. Messieurs les brigands courent encore et vivent honnêtement sur les trente mille ducats placés en rente italienne.

J'eus une frayeur rétrospective de tous les diables. Car enfin, Mesdames, deux jours plus tard, je pouvais être... entraîné dans la montagne...

C'est pourquoi je fis brûler à saint Janvier un cierge d'action de grâces, jurant sur sa relique en cristal de roche que si je retourne dans sa patrie terrestre, ni Pœstum ni Pesto ne seront du voyage. La route est trop bien gardée par ces... Messieurs.

Je préfère les Alpes. Si je suis entraîné dans la montagne, les brigands n'y sont pour rien, pas de rançon, d'ailleurs, ni de Faits divers à la troisième page des journaux.

Aussi, dès demain, vais-je rendre ma visite annuelle à la Meige, aux Ecrins, aux glaciers d'Arsines, à mes bons amis du Briançonnais, à certain chalet hospitalier, etc., etc. J'espère y rencontrer quelques-unes de vous, Mesdames, et les prier de vous offrir le respectueux témoignage de ma vive gratitude.

L. V.

P. S. — Plumette me remet sa démission. Ma collaboratrice demande à faire valoir ses droits à la retraite. Ne parle-t-elle pas aussi de se mettre sur les rangs pour les palmes d'officier d'Académie ?

Oh ! la passion du ruban !

LES

ÉTAPES D'UNE BERLINE

LES

ÉTAPES D'UNE BERLINE

A TRAVERS

LE TYROL, L'ENGADINE ET LES GRISONS

— JUIN 1864 —

Lectures données à la Section Lyonnaise du Club-Alpin Français dans ses séances des 1er février, 3 mars & 5 avril 1881.

I. — BOTZEN

Messieurs et Chers Collègues,

Le 8 juin 1864, à la barbe de saint Médard et de son pluviomètre, je quittai Venise, rentrant en France par le chemin de l'école buissonnière, par la ligne courbe à grands rayons du Tyrol.

— Vérone! Quinze minutes d'arrêt! Messieurs les voyageurs pour le pôle Nord changent de voiture!

Là, en effet, se soude le railway italo-germanique, par le col du Brenner. Il a si peur de s'égarer que, pour tout au monde, rien ne saurait l'arracher aux rives de l'Adige dont il accepte la tutelle.

Et comme il fait bien !

Ah ! Messieurs, que de séductions ! que de joies pour l'âme et les yeux dans cet Adige qui prend naissance aux Alpes de la basse Engadine ! L'Adige a tout, le soleil, la verdure, les sapins, les neiges, les cascades, la population la plus saine, la plus belle, la plus croyante. Tel est le vestibule du Tyrol. Quand j'étais jeune (dans la nuit des temps), Tyrol, Tyroliens et Tyroliennes, trois noms magiques, se permettaient avec moi je ne sais quelles familiarités. « Vous, mes enfants, me disais-je, tout en piochant mes Institutes de Justinien, tôt ou tard j'irai vous porter ma carte. »

Cette carte de 1835, je la leur ai portée en 1864, la Providence poussant à la roue.

La Suisse n'est pas plus belle. L'empereur François-Joseph, dans les écrins de sa couronne austro-hongroise, n'a pas de perles comparables à sa perle du Tyrol, ni, dans son portefeuille, de valeurs plus solides, je veux dire de sujets plus loyaux et plus dévoués que ses Tyroliens.

Si j'étais le tailleur à la mode, ou la couturière en renom, je détaillerais par le menu les costumes du pays.

Côté des hommes : toujours la culotte courte bouclée au genou, les bretelles historiées d'arabesques, le chapeau conique avec la plume d'aigle en guise de paratonnerre.

Côté des dames : pas de robes à traîne, au contraire; les cheveux généralement blonds arrondis en couronne, ou même, de ci, de là, descendant en tresses jumelles au-dessous de l'étiage un brin risqué de la robe déjà nommée. Pendant des siècles encore, espérons-le, Messieurs, le corselet enjolivé et pailleté servira de blindage à... ce que Plumette ne veut pas que je lui dicte.

Après la Tyrolienne à deux pieds (et quels pieds! pitié sur eux, ô Cendrillon !), un mot pour la tyrolienne à triple croches. Devant Dieu et devant les hommes, je déclare ne l'avoir rencontrée nulle part; aussi ne m'ôtera-t-on jamais de l'idée que cette variété de tyrolienne fut une invention de ce diable de Rossini qui en avait besoin pour le troisième acte de son *Guillaume Tell.* A sa place j'aurais pris un brevet.

Du temps que je conférencie à vos dépens, la locomotive siffle le chant de son départ. Au revoir, noble et problématique cité de Juliette et de Roméo!

Le train prend l'Adige à contre-fil, et coudoie Roveredo placé sous la suzeraineté d'un bienheureux du nom de Vigile, pas de vigile-jeûne que nous connaissons tous, au moins de réputation, un autre plus ancien, du cinquième siècle, si je ne me trompe!

Après Roveredo, Trente! Trente, illustre en cour de Rome par son concile général de 1545. Trente, recommandable en 1864, par son excellent Rosolio. Là, je faillis être la cause inconsciente d'une sorte de conflit international.

Voici l'événement :

Entre Trente et Botzen, zone indécise, théâtre d'une lutte sourde et opiniâtre, l'Italie veut pêcher à la ligne cette fraction du Tyrol qu'elle trouve trop italienne pour l'Autriche. François-Joseph n'entend pas de cette oreille. Conclusion : Les deux voisins se regardant en chiens de faïence, et se faisant la guerre à coups de bec, en attendant (Dieu les en préserve !) la guerre à coups de fusil.

Or, après Trente, le wagon de deuxième classe nous emportait à la vitesse antédiluvienne de quatre lieues à l'heure. Son personnel roulant comptait un Italien, un Bavarois, une dame française et son mari.

Car je ne vous ai pas tout dit, Messieurs. J'avais une camarade de route, une vaillante compagne de voyage. Pas n'est besoin que je vous la présente. Vous lui avez fait l'honneur de l'admettre dans les cadres de cette brillante section lyonnaise de notre Club-Alpin français.

Je ne sais quelle démangeaison de parler me fit dire à ma voisine :

« Très pittoresque le site de Trente !

— Trient! grogne le Bavarois.

— Non, Monsieur, pas Trient, ça me connaît... Trient, une gorge assez achalandée, en bas Valais.

— Ja, Meinherr! Trient.

— Si Signor, Trento! riposte l'Italien, Trento !

— Bon ! bon ! ne vous emportez pas, chers Messieurs ; ce qu'à la française nous appelons Trente, vous dites, vous autres Italiens, Trento !

— Sempre, Signor !

— Vous, en Bavière, Trient?

— Ja ! ja !

— Eh bien! nous sommes d'accord; n'en parlons plus ! »

Trois ou quatre kilomètres au-delà, vers une courbe de la voie, Madame ne peut étouffer ce cri du cœur :

« Oh ! le délicieux paradis, cette vallée de l'Adige !

— Etsch! glapit le Bavarois dans son coin.

— Adige! vocalise l'Italien.

— Etsch!

— Adige!

— Mon Dieu! Messieurs, Adige ou Etsch, nous n'y regardons pas de si près, simples touristes que nous sommes. Le paysage est un enchantement; qu'importe le reste! »

Nouveau silence. Puis, avec la grâce et le sourire des jours de gala, m'adressant au sujet de Sa Majesté Victor-Emmanuel :

« — Signor!

— Excellence?

— Une question, une indiscrétion peut-être...

— Niente! al vostri comandi!

— Vous connaissez Bolzano?

— Molto, signor!

— Je vous prie, le meilleur hôtel de Bolzano?

— Botzen! Sacrament! rugit l'Allemand que nous laissons rugir à son gré.

— Voyons, nous avons l'Impériale Corona.

— Le Kaiser-Krone! hurle de plus fort le Bavarois.

— Vous m'embêtez, vous! » C'est moi qui parle. Fort peu initié aux mystères de notre langue nationale, le descendant d'Arminius était incapable d'en apprécier les délicatesses.

La nuit tombe quand nous entrons dans la gare de Boltzen. Nous saluons nos belligérants qui, nous partis, vont peut-être s'étrangler dans la solitude de leur wagon. On charge, sur l'omnibus de l'Impériale Corona, les malles d'abord, nous après les malles, et nous sommes emportés dans la direction de la piazza Maggiore.

Beau caravansérail, ma foi, ce Kaiser-Krone! admirablement tenu! Installation princière au premier étage. Réquisition immédiate du patron. Il monte; le voici :

« Madame et Monsieur viennent d'Italie?

— Comme vous dites, Monsieur. Nous retournons en France.

— Eh! eh! ce n'est pas trop le chemin.

— Tout chemin mène à... Lyon, notre endroit. Que voulez-vous! le démon de la curiosité... Votre splendide Tyrol... Le Stelvio dont il se dit des merveilles.

— Son Excellence est alpiniste?

— En activité de service, oui; bientôt alpiniste honoraire... Voyons, cher hôte, pouvez-vous nous avoir pour demain et les jours suivants, une calèche, une berline, un landau, n'importe quoi à quatre roues?

— Oui.

— Confortable?

— Oui.

— A toute épreuve?

— Ja... Pardon, Excellence!

— Allez toujours!... Fermant bien?

— Aussi bien que la prison de Botzen.

— Fichtre! c'est trop.

— Deux chevaux? trois chevaux?

— Trois chevaux! Malheureux! Vous avez juré ma ruine.

— Dame! Excellence! Le Stelvio, vous comprenez, avec cela les deux malles...

— Trop de malles, n'est-ce pas? (foudroyant de mon

regard Madame qui baisse les yeux). Trop de malles! je l'ai toujours dit... Qu'avez-vous, mon cher hôte, à taquiner votre moustache?

— Rien. J'aurais la berline, les chevaux, mais c'est le cocher.

— Le cocher? vous n'avez pas de cocher dans tout votre Botzen?

— Si fait. J'en ai, sans en avoir. Parlez-vous allemand?

— Je ne crois pas.

— Alors, je n'ai pas de cocher. Ce qu'il faudrait à Madame et à Monsieur, je le sais bien. Un cocher balbutiant quelques paroles de français, dans mon genre, par exemple...

— Ce serait trop beau, fait la cotouriste.

— Merci, Madame!... De ces cochers-là, je n'en ai pas.

— Diantre! »

A mon tour de froncer le sourcil. Puis, après une minute de réflexion :

« Au fait, mon cher patron! nous ne sommes pas ici pour nous amuser. A la guerre comme à la guerre. Votre cocher est habile?

— Oui.

— Honnête?

— J'en réponds.

— Complaisant, sobre, actif?

— Parbleu!

— C'est dit : nous finirons par nous comprendre; amenez l'homme.

— Comme cela, Votre Excellence m'autorise à traiter?

— Si je vous autorise? Je le demande!

— Et à dresser le contrat?

— Hein! le contrat?

— Le contrat du cocher...

— Devant notaire?

— Devant moi!

— Tiens! tiens! tiens! un confrère!

— Oui, Monsieur, un bon petit contrat qui, sans que ça paraisse, sera la sauvegarde de la longue et difficile course que vous allez entreprendre.

— Rédigez, confrère, rédigez. »

Il avait raison le digne impressario du Kaiser-Krone. — A deux reprises, au Gothard et au Simplon, pour avoir négligé le contrat, je me suis vu dans la douloureuse alternative, ou de me jeter dans les bras de la justice, ou de faire du libre échange à coups de poing.

Entre nous, j'aurais encore donné la préférence à messieurs les juges de paix et à leurs greffiers.

Au bout d'une heure, le lord-maire du Kaiser-Krone me présentait un homme et deux papiers.

L'homme était le cocher. Tyrolien pur sang, merveilleusement bâti, souriant d'aspect, inspirant la confiance et la sympathie.

Les papiers étaient les doubles du contrat, j'en garde la minute, et vous en délivre cette expédition collationnée avec toutes ses aisances et dépendances :

CONTRATE

Le soussigné se charge de conduire M. V... Français, de Botzen à *Chur* (Coire, chef-lieu des Grisons), dans le temps de sept jours, en passant par le Stelvio et Bernina, et Splügen, pour le prix de 16 napoléons, et la bonne main, après que monsieur *est* content. Si le cocher arrive en six jours, *cé* le même prix. Tous les autres dépenses sont compris dans le prix, renfort, *parières*, ex., ex., ex.

Signé : Absolument illisible (le cocher).

Signé : L. V. (le touriste).

Signé : JOHANN BUCHNER (le notaire hôtelier).

Puis, le grand sceau de l'Impériale Corona.

Est-ce assez régulier, assez précieux de rédaction ? Dites-moi, mes chers collègues, chez nous, l'hôtel B... ou l'hôtel C... serait-il en mesure d'instrumenter aussi magistralement ?

Le lendemain, vers cinq heures, au lever du soleil illuminant les pics voisins, la berline à trois chevaux, capitonnée, bourrée de peaux de moutons, ornée de je ne sais combien de paires de sabots ferrés, stationnait devant la grille du Kaiser-Krone. — Les malles sont à leur poste. Nous serrons les deux mains du confrère; le cocher fait exécuter à son fouet toutes sortes de ritournelles de bon augure. Les chevaux prennent leur élan ; le pavé résonne ; on va partir, on part, on est parti.

II. — MÉRAN

Nous voici, humbles touristes, à demi couchés sur les deux banquettes de la berline, capote baissée, ombrelles déployées, cocher superbement campé, chevaux oreilles dressées, queues en trompette, nous voici remontant au grand trot cette poétique et merveilleuse vallée de l'Adige qui du nord passe carrément à l'ouest.

Depuis une heure à peine, l'équipage roulait en tempête dans une auréole de poussière, lorsqu'un frisson me secoue et me fait lever les mains au ciel. Un oubli ! Devinez ce que j'avais oublié à Botzen ? Presque rien, et ce rien était presque tout, j'avais oublié le nom du cocher.

« Mais le contrat ? m'allez-vous objecter, le fameux contrat ?

— Palsambleu ! Messieurs, je vous l'ai dit : signature radicalement illisible. J'aurais voulu vous y voir. »

Au reflet de mes traits bouleversés, la camarade de route me demanda ce qu'il y a.

« Il y a, il y a... que nous sommes des étourdis.

— Si l'on parlait au singulier !

— C'est vrai ; que Madame est une étourdie ! »

Je tape en plein dos sur l'automédon, lui faisant signe d'arrêter ses bêtes. Il stoppe.

« Cocher !

— Meinherr ?

— Votre nom ?

— Ja !

— Le nom de baptême ? Le petit nom ?

— Moi bas gombrendre !... tout ce que le malheureux possède du dictionnaire français.

— Que le diable t'emporte ! nous ne pouvons cependant pas t'appeler chose, machin ou turlututu. D'ici à Coire s'il ne nous tombe pas du ciel un interprète quelconque, assermenté ou non, nous ne sortirons jamais de leur fichu Tyrol. Allons, cocher! en route! A la grâce de Dieu! »

En attendant il est décrété sur la banquette du fond, « qu'on se doutait bien de quelque maladresse, qu'on ne veut jamais écouter, qu'on était malheureuse, mais là, très malheureuse d'avoir enchaîné ses jours aux jours d'un homme qui n'en fait qu'à sa tête. » Et ceci, et cela.

Un quart d'heure de mercuriale à haute pression.

Que répondre? des mots, des gros mots peut-être pour aboutir... à quoi?... à la séparation, au divorce même, le jour où il renaîtrait dans les colonnes de l'*Officiel*. Ma foi, non! je prends un parti plus héroïque: ne faisant ni une ni deux, je tourne dos et je m'endors.

Au réveil, l'attelage entrait à toute volée dans une petite cité mignonne, avec de petites maisons, roses, bleues, multicolores, noyées dans la verdure, de petits arbres frisés. Oui, Messieurs, tout en petit, tout en miniature hormis l'Adige qui...

« Bon! encore son Adige! Le nom, Monsieur le conférencier, le nom de votre éden tyrolien?

— Méran!

— Méran? très bien, nous sommes fixés. Merci! »

Après une courbe gracieuse décrite par ses trois chevaux, sa berline et ses deux touristes, le cocher anonyme s'arrête au perron de l'hôtel *Victoria*.

Inouï, Messieurs, inouï, ce que sa gracieuse Majesté britannique, impératrice des Indes, commandite d'enseignes au monde des auberges internationales éparpillées sur notre planète.

Des hôtels Victoria! ah! Seigneur, que j'en ai vus!

Que d'additions ils m'ont fait contrôler. Ici, prétentieuses, excessives, sur leur plat d'argent ; là, modestes et humbles sur leur assiette en grosse faïence à fleurs invraisemblables.

Un souvenir. C'était en plein Maroc : le vapeur entrait en rade de Tanger. Nos jumelles et nos yeux étaient impuissants à se débrouiller dans ce fouillis de créneaux, de minarets, de harems et de cahutes qui, vus de la mer, se bousculent, s'enchevêtrent, se grimpent aux épaules sans souci du voisin, sans notion de l'alignement, jusqu'à la casbah que la colline porte à son front. Voici qu'une pancarte colossale se dégage du pandémonium africain, et bon gré, mal gré, nous condamne à lire en lettres blanches d'un mètre d'altitude sur fond rouge, bien autrement rouge que nature, l'inscription sacramentelle et cabalistique :

Hôtel Victoria.

Tout cela, Messieurs, pour flatter les Anglais.

Au seuil du Gasthaus de Méran, un habit noir, une cravate blanche, une serviette au poing, un toupet frisé à la mode d'hier, tout cela représente assez correctement un sommelier.

C'était un sommelier.

Il s'approche, esquisse un sourire, salue en accent circonflexe, et, d'une voix de baryton, applaudie comme ne le fut jamais le baryton de notre incomparable Faure :

« Que désire Monsieur pour le déjeûner de Madame et pour le sien ?

En français ! mes collègues, en français du vocabulaire Littré !!! A nous le cliché Dennery : Sauvés, mon Dieu !

Si, un jour ou l'autre, vous passez par Méran devenu station d'été pour la cure par l'air distillé et les raisins blancs, n'oubliez pas de vous faire descendre à l'hôtel Victoria. Demandez au sommelier des côtelettes sauce piquante... Je ne vous en dis pas davantage.

Demandez-lui même un drogman, le sommelier entre deux saluts vous répondra : voici le drogman.

Il s'agissait, vous le savez, Messieurs, d'aller à la découverte du nom sanctifié que le cocher avait dû trouver en son berceau le jour du baptême. Celui que, d'après ses déclarations, voulut bien nous traduire le digne fonctionnaire de Victoria-Hôtel était, par sa provenance ultra-germanique, de nature à nous faire pousser des ampoules sur la langue ; on convint alors que, sans augmentation du prix porté au traité de Botzen, le cocher, jusqu'à Coire inclusivement, adopterait le prénom mélodieux de Franz, sauf à lui à le conserver s'il lui plaisait, ou à le répudier s'il ne le trouvait pas suffisamment tyrolien.

Passé Coire, cela ne nous regardait plus.

La négociation menée à bien et consignée dans un protocole, nous remontons en voiture.

Chaleur de tous les purgatoires, soleil éblouissant dont les rayons planent le long des rochers chauffés à blanc, autant de fours à réverbère, de force à cuire les trois cent mille pains de munitions quotidiennement débités par notre ministre de la guerre, le premier boulanger de France.

Mais les côtelettes sauce piquante, ce nom de *Franz*

si miraculeusement improvisé, mais les fredaines solaires, la magie du paysage avaient transfiguré la cotouriste.

« — On n'était pas si.... si...

— Si... bestiole, allez-y franchement.

— Oui, si bestiole qu'on en avait l'air. On savait voyager. L'an prochain, il faudrait, pas de milieu, revoir l'Italie, les Calabres, la Sicile; les années suivantes conquérir l'Espagne, l'Algérie, etc., etc., etc. »

Bref, contrairement à la légende romaine, ayant inauguré la journée par la roche Tarpéienne, je l'achevai glorieusement au Capitole.

L'Angélus du soir allait sonner lorsque nous touchons à Prad. Hélas! les côtelettes étaient loin; aussi Méran. Plus de sommelier polyglotte, plus de Victoria. Non, un chalet innommé, une aubergiste vieille, une jeune et robuste Tyrolienne, rose comme furent les roses de Pæstum, la fille au chalet.

Trop expérimentés les deux touristes pour ne pas saisir au premier coup d'œil que dîner d'abord, dormir ensuite, ce serait à Prad le double terme d'un problème algébrique. Evidemment la syntaxe française, un mythe. Restait l'idiome des sourds-muets et des danseuses de l'Opéra: la pantomime. C'était toujours, faute de mieux, une ancre de miséricorde sinon de salut.

La Tyrolienne mandée, je lui exhibe en guise de marmite mon chapeau de bataille, en manière de cuiller à pot, ma main non gantée. La bonne, entre ses trente-deux dents, trente-deux perles, fait éclater un formidable : *Ja; Suppé!*

La soupe ! c'était compris.

Madame avait emmaganisé dans son arsenal quelques pelotons de laine. (Bas à tricoter aux moments perdus, la chose est claire.) Je réquisitionne deux pelotons, je fais mine de les choquer, l'un devant briser l'autre et réciproquement, de précipiter le contenu dans le fourneau de ma grande pipe de porcelaine, jouant tant bien que mal le rôle de poêle à frire ornée de son appendice, puis d'agiter, de... comment dit-on en latin de cuisine? oui, c'est cela, de houcher.

« Ja ! Ja ! » fait encore la rose purpurine de Prad, riant aux éclats, riant à fendre de haut en bas les glaces du chalet. — Rassurez-vous, le chalet n'avait pas de glaces; à peine cinquante centimètres carrés pour se coiffer ou se faire la barbe devant.

Une omelette ! c'était non moins compris.

Tellement compris qu'à son heure paraît la soupière fumante, odorante, pleine de charmes, de surprises et de tous les légumes en honneur à Prad.

L'omelette aux fines herbes vint en serre-file : sensation profonde, applaudissements prolongés !

Deux plats dont une soupe, c'était bien, mais c'était peu. L'estomac proteste. Ecoutez donc, Messieurs, quand on a jeûné depuis Méran, quand on a supporté la chaleur du jour, aspiré le grand air des montagnes, subi les cahotements d'une berline à trois chevaux ! Ici, duo à l'unisson :

« Si nous demandions une côtelette ?

— Comme à Méran ce matin?

— Comme à Méran. »

La bonne accourt à notre appel. Je lui dessine une

côtelette, plan, coupe et élévation. Elle a dû comprendre, elle a compris, la rose de Prad.

« Peut-être même sera-t-elle sauce piquante.

— La rose de Prad ? fait la touriste en second.

— Non ! la côtelette.

— Si on disait, les côtelettes ! »

On tressaille de convoitise ; on se pourlèche par anticipation.

Après un quart d'heure, la bonne escalade quatre à quatre les quelques marches en bois du chalet, et, souriante, solennelle, pose sur la table une...

Une omelette !!!

Tableau ! Quelle honte ! quel coup de poignard pour mon crayon ! Oui, Messieurs, une omelette seconde édition, pas aux fines herbes cette fois, non, au jambon fumé. Déjà un progrès dont nous savons gré à l'esquisse de tout à l'heure si mal interprêtée. Après tout, c'était raide. Le mieux fut de rire au nez de la fillette ébahie qui n'y comprenait plus rien, d'épuiser le nouveau tirage ainsi qu'on avait épuisé le précédent, puis de s'aller reposer entre des draps blancs comme les neiges voisines, raboteux comme les tranches des glaciers à l'horizon.

Le lendemain devait être le grand jour, le jour du Stelvio ; tout au moins nous l'espérions. L'ami soleil se levait à peine du côté de Botzen que notre phaéton avait attelé ses trois coursiers, emballé ses deux malles, absorbé ses trois verres de genièvre et bouclé ses portières sur ses trois voyageurs, nous deux et certain caniche de race tyrolienne, très pimpant d'ailleurs et très guilleret. Nous fûmes bientôt amis.

Le roquet devait être, pensions-nous, un prêt ou un don de la rose de Prad. Elle et lui, Franz, semblaient être dans les meilleurs termes. Ce que nous trouvâmes moins parlementaire, ce fut l'écho discret... Comment dire ? cet écho sournois qui se répète à l'infini dans tous les mondes connus et inconnus. Nous aurions parié pour un... Encore deux syllabes auxquelles Plumette refuse pudiquement son concours.

Que voulez-vous, le Tyrolien n'est point parfait ; non plus la Tyrolienne.

A partir de Prad, la route tourne le dos à l'Adige ; notre voie à nous se dirige à gauche, monte, monte toujours, et à l'un de ses lacets, sans transition, tout de but en blanc, nous présente un des soulèvements de rochers, de glaces et de névés les plus étonnants dont le Créateur ait donné l'usufruit aux alpinistes et aux chamois.

Devant de tels prodiges, la tête s'incline, l'âme s'épanouit, le genou fléchit jusqu'à terre.

La chaîne qui se déploie dans une majesté indicible est pour les Italiens le *Stelvio*, l'*Orteler* pour la Germanie. Pour l'imagination qui rêve, pour les yeux qui contemplent, pour nous, Messieurs, pour tout ce qui pense, aime et cherche, c'est l'un des gigantesques efforts de la nature, l'un des chefs-d'œuvre indiscutables de la divinité.

Je ne suis pas fâché de placer ici le sonnet *en prose* éclos sous mon oreiller dans une nuit d'insomnie. Chacun de vous n'en prendra que ce qu'il voudra.

Le psalmiste a dit : *Cœli enarrant gloriam Dei !*

Et les montagnes, s'il vous plaît ? Pensez-vous qu'elles

restent silencieuses, qu'elles aussi ne célèbrent pas la gloire du Très-Haut?

Et de la montagne descendant jusqu'à nous, mes frères, sous la jaquette à vingt-cinq francs du Club-Alpin, peu ou prou, ne sommes-nous pas des croyants, des poètes, des orphéonistes, à la suite du prophète-roi David?

Je mettrai cela en vers une autre fois, si mon cher collègue D*** veut bien me prêter sa lyre et son dictionnaire des rimes.

Pour le moment roulons vers le Stelvio.

Il y a plus de cinquante ans, l'empereur François II d'Autriche était fort soucieux. Il y avait sujet, croyez bien.

L'aigle à deux têtes tenait dans ses serres, ici Vienne, capitale fidèle des Etats héréditaires de la maison d'Habsbourg, là Milan, chef-lieu turbulent et insoumis du royaume Lombard-Vénitien. Or, fréquemment il fallait y envoyer quelques régiments croates ou hongrois pour faire entendre à MM. les Milanais la raison pure d'abord, et subsidiairement, si cela ne suffisait pas, la raison à coups de canon, *ultima ratio regum.*

Et, voyez l'embarras de l'auguste Empereur! Il n'avait à son service, lui François II, que la route par Trieste et Venise, un grand scélérat de détour à n'en plus finir; si bien que, dans les cas d'urgence extrême, lorsque le feu était à la maison, il se trouvait, en vertu de traités dont je déplore de n'avoir ni la date ni le texte, réduit à demander à la Confédération helvétique, rarement de bonne humeur et grommelante du matin au soir, le passage de ses troupes impériales et royales à travers le canton des Grisons, par le col du Splügen.

Un tel état de choses ne pouvait durer. L'Empereur que l'idée tracassait n'y tient plus. Il convoque un beau jour le prince de Metternich et le corps de ses ingénieurs militaires. On se courbe sur les cartes de l'état-major autrichien, on scrute les passages, on fouille les cols. Rien ne va.

C'est alors qu'un des jeunes et fatalement des audacieux entre en scène et, d'une voix timide :

« Sire, que penserait Votre Majesté du Stelvio ? »

Eclat de rire sur toute la ligne... Toute, non ; l'Empereur et son chancelier ne riaient pas.

« Eh ! mais, le Stelvio ? Voyons, voyons donc !

— Mais, sire ! font les anciens, prenons garde.

— Le Stelvio a 8,500 pieds, 2,000 au dessus du Splügen.

— Tant mieux, Messieurs... si l'empereur d'Autriche peut offrir à l'Europe la voie carrossable la plus voisine du ciel, ne sera-ce pas une gloire, un titre d'honneur, sans compter le profit ?

— Mais, Sire, les avalanches !

— Mais, Majesté, le Stelvio est une muraille !

— Nous ferons la route comme une échelle.

— Mais, Sire, nous serons en lutte acharnée avec la nature !

— C'est impraticable !

— C'est tenter Dieu.

— Impossible, Sire, impossible !

— D'accord. Mais, enfin, Messieurs les Ingénieurs,

on peut essayer, faire les études ! Jeune homme, vous les commencerez dès demain ! La séance est levée. »

Moins de trois ans après la séance levée, le col du Stelvio était livré à la circulation. Tout y passait, piétons, voitures, artillerie, régiments à pied et à cheval. Tout, même les amoureux de Bormio s'en allant *flirter* avec les donzelles de Prad ou de Trafoy.

Le Milanais était furieux à l'ouest. A l'est le Tyrol se frottait les mains.

Ainsi fut proposée, discutée, décrétée par François II et construite par l'ingénieur *Donegani,* un rude pionnier, la route merveilleuse entre toutes par le col du Stelvio, où j'aurai, Messieurs, l'honneur de vous conduire, si vous daignez m'accepter pour guide et me faire un engagement.

III. — LE STELVIO

La route est des plus osées, des plus hardies et des mieux disciplinées en même temps. Partout le voyageur à pied, les chevaux, le matériel roulant, sont protégés contre les culbutes et le vertige par des rocs immenses. La voie se courbe et se recourbe à l'infini, toujours soutenue par des murailles, toujours en lutte contre de nouveaux escarpements. On dirait une légion de serpents cousus à la queue l'un de l'autre.

Dans le fond se voit la plus splendide collection de

granit et de gneiss que puisse rêver le géologue. Et quelles armures de glace, quels blancs manteaux de neige !

Le touriste ferme les yeux pour ne pas voir à une profondeur incalculable la chapelle des *Trois-Fontaines* blanche et rose au-dessous des abîmes de l'Orteler.

Cet Orteler s'élance à 4,300 mètres. L'une des pyramides est si gracieuse dans sa majesté, si brillante aussi qu'on la croirait polie de la main d'un lapidaire de l'autre monde. Les Italiens l'ont baptisée *Monte Cristallo*. Toujours artistes nos voisins d'Italie !

Sur les deux revers du col, plus de 6 kilomètres de galeries couvertes où il n'est entré que du bois, des crosses et des boulons en fer. Une fois sous l'abri de ces galeries, le passant peut dire pis que pendre des avalanches qui font rage partout ; sans chercher midi à quatorze heures, l'ingénieur Donegani s'y est pris d'une simple et intelligente façon.

Les galeries à jour couvrent la moitié de la voie, sans plus. La première avalanche venant d'en haut, glisse sur la toiture inclinée, s'arrête à l'autre moitié découverte qui est plane, se croise les bras et attend les autres... les autres avalanches.

Elles ne tardent pas. Elles plongent sur la première et attendent à leur tour. De ces plongeons successifs résulte un talus imperméable se solidifiant à la gelée de ce soir, et qui durera jusqu'au mois de mai de l'année prochaine. La voie à ciel ouvert est interceptée, mais le couloir est libre.

Plumette me charge de rappeler à nos auditeurs que Töpffer, notre maître à tous, a consacré au Stelvio quatre charmantes pages et tout autant d'illustrations très exactes.

Malheureusement la route s'en va — s'en allait du moins en 1864. — Voici comment :

Dans la guerre de 1861, qui a disloqué la Lombardie d'avec l'Autriche, le gouvernement impérial avait négligé de faire sur sa route du Tyrol les réparations locatives d'usage, tant il avait frayeur de Garibaldi, de ses bandes et de ses œuvres. Il s'était contenté de mettre dans sa poche la clef de certain fort qui, entre Prad où il pousse tant d'omelettes, et Trafoy où nous allons voir ce qui pousse, enjambe un étroit défilé qu'il barricade avec un luxe de pierres de taille à faire pâmer d'aise mon ami André B... et tous les architectes de notre section.

La porte une fois close, la route n'était rien, la clef était tout.

Donc, en 1864, plus de maisons de refuge ; si peu de cantonniers que cela ne valait pas la peine. Les galeries criaient misère, on leur aurait jeté deux sous comme à des mendiantes. Cela faisait pitié.

Plus la route gagne en altitude, plus les pics, les champs de glace, les cascades se mettent à notre portée. Ce fut dans les parages voisins que se joua le drame conjugal dont la presse européenne fit des comptes-rendus *ondoyants et divers*... Cet Anglo-Français, sa jeune femme, unis depuis six mois à peine ; elle, blonde et svelte, roulant en avalanche au fond d'un précipice de je ne sais combien de pieds métriques — le nombre de pieds n'y fait rien — la mort au bout. Accident d'après les uns... Lui, au dire des autres, ayant eu la velléité de supprimer Milady, et, par un procédé risqué, ayant réussi le dénouement.

La Cour suprême du Tyrol fut saisie ; condamnation du dramaturge à la prison perpétuelle *in carcere duro;* ce qui prouve, Messieurs, que, si quelqu'un d'entre nous veut se séparer de Madame, ce n'est pas au Stelvio qu'il la faut mener.

Ce qui prouve encore la vérité de cette maxime cueillie pas plus tard que ce mois de février, sur les lèvres d'un électeur de mon village, parlant à ma personne à propos d'un autre délit :

« Voyez-vous, Monsieur, tôt ou tard, le crime trouve sa *récompense.*

— Son châtiment, voulez-vous dire, père X... ?

— Oui, Monsieur, sa récompense ! »

J'ai tiré l'échelle et me suis incliné.

La berline qui marche au petit pas dans son respect obligatoire de la pente, laisse à droite *Stilfs*, chef-lieu de la vallée. Avec ses jardins, ses maisonnettes accrochées verticalement, celles-ci au-dessus de celles-là, Stilfs est, dirait-on, une bourgade peinte sur toile et, vue à distance, une tapisserie des Gobelins clouée à la roche.

C'est une lieue plus loin, après avoir traversé le fortin dont l'empereur François-Joseph avait si bien caché la clef lors de sa querelle avec l'Italie et avec nous aussi, parbleu ! que se présente humble et délabré le triste hameau de *Trafoy* posé à 1548 mètres.

Prad et son chalet étaient une réduction des champs Elysées, ceux chantés par Virgile, à côté de Trafoy et du Gasthaus borgne à souhait qui nous reçut dans son sein. L'impressario était chasseur de chamois, sa femme présidait au fourneau — une sinécure. Leur fille, gracieuse enfant, mignonne, proprette, vive, légère comme l'oiseau, Tyrolienne en miniature, allait, venait, voltigeait, souriait, faisait le diable à quatre pour se rendre utile aux alpinistes égarés dans les labyrinthes du Stelvio.

Signe particulier : la petite s'appelait Katina.

Il sonnait huit heures du matin. La cloche de huit heures est à Trafoy la cloche du déjeûner. Si dès l'aube on a respiré l'air pur, tonique et apéritif des Alpes, c'est la cloche de la fringale, du radeau de la *Méduse.*

Prévoyant que Trafoy ne nous offrirait pas de membre de l'Institut pour nous traduire l'idiome de Gœthe et de Schiller, nous avions, Madame et moi, tramé à nous deux l'horrible complot que voici :

Pour ne pas retomber dans l'océan d'omelettes de la veille, Madame devait se faire ouvrir, au besoin ouvrir d'autorité la porte de l'office et passer la revue des vivres disponibles.

Sachez-le, Messieurs, même dans un buffet vide, on finit toujours par découvrir quelque chose, du beurre, des œufs, du jambon, un manche de gigot présentable encore. Bref, nous déjeunâmes passablement.

Je recommande la méthode à nos amis. Elle nous a réussi nombre de fois, entre autres un jour de 1866, au défilé d'*El-Kantara*, entre Batna et Biskra, sur la limite du Sahara algérien, où, sans elle, nous serions littéralement morts de faim, nous deux et cinq ou six autres pauvres diables d'explorateurs que nous étions.

Dans la salle commune, nous faisant vis-à-vis, déjeûnait un monsieur entre deux ou trois âges, tout de noir vêtu, botté, éperonné, mine colorée et ouverte, gai tout plein, parlant l'allemand mieux que vous et moi, l'italien assez couramment, le français à dose homéopathique. Nous pouvions nous comprendre : vrai miracle du ciel et de l'Esprit-Saint !

Ce particulier était le docteur de Stilfs. Entendant les deux touristes parler de passer le Stelvio, de décamper à dix heures précises, de franchir le col vers deux heures, de descendre à Bormio avant nuit close, il se lève, salue, demande la parole et, très courtoisement, nous fait observer que le passage est impraticable, que les neiges l'encombrent, qu'il y aurait témérité, folie, etc., etc.

Le grand glacier du Monte Cristallo me serait tombé sur les épaules que je n'aurais pas été autrement aplati. Désespérante, la nouvelle du docteur ! Eh quoi ! tant de peines ! tant de mines d'or gaspillées en pure perte ! trouver le naufrage au port du Stelvio ! sur quel récif se réfugier, nous, le cocher, la berline, les malles, le chien ?

Redescendre à Prad, de Prad à Méran, de Méran à je ne sais où... C'était la déroute, c'était le suicide à trois chevaux ; Madame me regardait, je regardais le docteur, anéanti, défaillant, prêt à lui demander une ordonnance.

Je prends mon courage à deux mains, et, rompant le silence funèbre :

« Voyons, voyons, soyons calmes et résignés ! attendons jusqu'à demain. Allons visiter les monuments de Trafoy... Docteur ?

— Monsieur?

— Qu'avez-vous en monuments ?

— L'église...

— Va pour l'église ! »

Sainte et misérable chapelle, perdue dans les déserts du Stelvio, grande à peine comme un oratoire, carrée, blanchie à la chaux, autel en bois, christ et chandeliers de même métal. Au-dessus du portail, orgue de poche ; au centre, lutrin vermoulu ; sur le lutrin, in-folio moisi, lacéré, en loques. Devant le lutrin, un homme, un tout jeune homme, agenouillé, priant — le Curé.

Oh ! Messieurs, la douce et mélancolique figure d'évangéliste, d'ange Gabriel en soutane rapiécée !

Le bon Curé nous fait les honneurs de sa cathédrale, puis nous accompagne jusque dans les murs du palais de Katina. Le docteur s'y trouvait encore, soldat sous les armes, sentinelle aux aguets, attendant le signal, le cri d'alarme d'une chaumière voisine, pour... pour ajouter une unité à la liste des fidèles sujets de Sa Majesté l'empereur et roi.

« Bah !

— Oui, Messieurs, vous avez deviné. »

Il était midi. A quoi tuer le temps ?

« Docteur, si nous fumions une pipe ?

— Avec plaisir... Qu'en dites-vous, mon cher Curé ? »

Le curé ne dit rien. Le calumet monumental qu'il exhume des profondeurs de sa soutane, répond pour lui.

Les pipes fumées et arrosées, que faire, mon Dieu ! que faire ?

« *Ego breviarium recitare* ! fait le curé avec lequel je corresponds en latin.

— Moi... c'est Madame qui parle, je vais me reposer, essayer un bout de sieste.

— Moi, un tour de promenade.

— Où ?

— Du côté du col, parbleu !

— Sera-ce long ?

— Le temps de *griller* un cigare.

— Une heure de permission, pas cinq minutes de plus.

— C'est dit, je le jure. Monsieur le Curé, Docteur ! à bientôt !

— N'allez pas vous perdre !

— Quelle idée ! La route est assez large. Mon parapluie... Bien ! Bonsoir ! »

Vous allez, Messieurs, comprendre, si ce n'est déjà fait, ce qu'a de tyrannique et d'irrésistible l'ivresse de la montagne. A quelques centaines de mètres du village, la chaussée formait un promontoire. Je le double et, presque à la limite des sapins, je me trouve soudainement transporté dans un monde inconnu. A ma droite les escarpements sillonnés d'avalanches, sur ma gauche, la chaîne entière de l'Orteler, ses dômes, ses crêtes déchiquetées, ses pyramides, ses champs de glace, ses névés au mirage étincelant. En face, tout au fond, dans un repaire sinistre, les galeries ; plus haut, le col du Stelvio, le col m'attirant à lui par une étrange fascination. Que vous dire ? le vertige renversé, le vertige montant de l'abîme au sommet, au lieu d'entraîner du sommet au précipice.

Sur la route personne, moi seul et mon parapluie. Satan me tentait :

« Viens, viens !

— Non... pas plus loin... Ce serait manquer à ma parole. J'ai juré.

— Un serment? Nigaud! » Et Satan ricanait comme dans *Faust* Méphistophélès, une de ses incarnations.

« Allons! jusqu'à la première galerie, pas un pouce au-delà, je le jure encore. »

Encore un serment de touriste, mes chers collègues! Après le premier lacet j'écorne le second; du second, je saute au troisième; si bien que de galeries en galeries, de parjures en parjures, je me vois, sans y songer, au beau milieu du col, ivre de solitude et d'enthousiasme, ébloui par la resplendissante nature que le soleil semble animer et faire plus belle encore pour moi, sans partage, à 2,797 mètres.

Le revers italien, criblé de plaques neigeuses, s'ouvrait béant à mes pieds. Sur ce versant, une grande et massive hôtellerie *Santa Maria*, distante d'une lieue environ. Un détail ayant son importance : sur le col même, une maison de poste regardant un corps de garde, deux édifices publics ayant mis la clef sous la porte pour les raisons politiques et militaires signalées plus haut.

Ah! saprelotte! c'est du col qu'il fallait voir l'*Orteler Spitz!* Comme le gaillard s'était fait beau, luisant, colossal, inabordable! Comme il semblait d'avance prendre en pitié l'Alpine-Club anglais, notre père, et ses fils nés ou à naître!

C'est que l'Orteler était l'une des sommités, déjà clair-semées, jalouses de leur couronne de fleurs d'oranger et de leur diplôme de *Jungfrau*.

S'il en faut croire la chronique scandaleuse, le diplôme aurait été égaré. Il serait présentement une non-valeur.

Et, ce qu'il y a de plus sérieux, au nombre des coupables se trouverait l'un de nos éminents collègues, M. C... R..., section de Paris. Je le dénonce à la postérité.

Trop peu préméditée mon ascension pour avoir pu songer aux munitions règlementaires, la gourde et la croûte de pain. Rien, rien, sinon le parapluie, les cigares, les jumelles et la montre.

« La montre que dit-elle? quatre heures quinze! Ah! Seigneur! que me voici dans de beaux draps! Vite examinons, étudions. Les couloirs ne sont pas trop lézardés, la neige tapisse encore la voie. Il y aura de mauvais pas, des scènes de patinage. Qu'importe, si nous partons de très grand matin, avant la fonte et les avalanches, la berline passera, nous passerons tous, bêtes et gens. Oui, par les cornes du diable de tantôt! dans ces brigands de cols alpestres se trouvent toujours une ou deux paires de roues pour frayer la voie. Ces roues seront celles de Franz; nous serons des précurseurs. A moi les jambes des grands jours! »

Deux petites heures me suffisent pour être en vue du cap qui, vous l'avez entendu, Messieurs, m'avait si bien ensorcelé.

Ce cap redoublé, que vois-je, au bout de ma lunette? Un groupe gesticulant, s'agitant, télégraphiant, Madame en tête, le Curé, le docteur, Franz, Katina, le chasseur de chamois, la majorité absolue de Trafoy, la moitié plus un.

« C'est toi?

— C'est vous?

— *Te... te ipse, Domine?*

— *Me... me ipse, Reverendissime Parocchio.*

— Vous, bien vous ?

— Moi-même, pourquoi pas ?

— S'il y a l'ombre de raison ! Me laisser seule, inquiète, dans des transes ! »

Je fais signe aux auditeurs émus de laisser faire la débâcle ; alors, reprenant la parole :

« Et l'on va bien ici, docteur ?

— Pas mal... Et vous ?

— Bien sensible... Et votre jeune homme ? Celui que vous attendiez, ce Tyrolien ?

— Est une Tyrolienne.

— Pas possible ?

— Comme j'ai l'honneur de vous le dire... A propos, d'où diantre venez-vous ?

— Curieux ! Du col tout uniment.

— Du col ! font à l'unisson la cotouriste et le docteur.

— Du col ! *Bone Deus!* ajoute le Curé.

Chœur de Trafoyens : Du col !!!

« Tout seul, comme cela ? reprend le bon docteur, sans guide, sans boire ni manger ?

— Et le déjeûner de ce matin !

— Madame vous croyait... perdu. Nous avions beau la rassurer, à peine l'étions-nous pour notre compte.

— Et sur le mien... pas vrai, docteur ?

— Dame ! écoutez donc... notre Curé parlait de réciter le rosaire, de commencer une neuvaine.

— Merci, Monsieur le Curé, merci !

— Nous allions envoyer à votre découverte.

— Comme pour Franklin, pour Lapeyrouse...

— Lapeyrouse ?... ne connaissons pas.

— Ça ne fait rien. Savez-vous, gens de Trafoy, que

votre route est pitoyable. Pas d'entretien, disette absolue de cantonniers.

— Peuh! pour les voyageurs qui passent!

— Le fait est que je n'ai pas salué une marmotte d'ici au col.

— Au col! bah! il y tient.

— Comment, si j'y tiens?

— Blagueur!

— Docteur! docteur! Ah! vous le prenez de ce ton? Vous me dites des injures? et, pour comble, dans ma langue maternelle? Tenez, j'invoque le témoignage de monsieur le Curé; qu'il soit juge entre vous et moi!

— *Cedant arma togæ.*

— *Dixisti*, mon cher Curé. Quant à vous, docteur, voulez-vous que je fasse voir ce que j'ai trouvé au col?

— Allez, allez toujours!

— Attention... Silence partout! »

Je tire gravement de sa gaîne mon portefeuille de voyage, un vieux cuir de Russie alpiniste comme son maître; je taille méthodiquement mon crayon anglais, puis, sous les regards du peuple de Trafoy, tout en chantonnant par désinvolture, je me mets à dessiner de mémoire le corps de garde et la maison de poste, invisibles de partout, sinon de l'étroite et sinueuse brèche qui est le col même du Stelvio.

Pauvre et bon docteur! Il n'y avait plus à ergoter. Les spectateurs poussent des hourras, Madame prend mes deux mains dans les siennes. Il est question d'aller dans la forêt voisine couper quatre branches de mélèze pour les mettre en croix, moi dessus, et de m'emporter comme un triomphateur romain.

Je mets fin à la tentative en criant de ma plus grosse voix :

« Si nous allions dîner ! Moi d'abord je meurs de faim... Docteur, vous êtes des nôtres ?

— Mais...

— Votre châtiment, disciple de saint Thomas !... Monsieur le Curé nous fera l'honneur...

— *Agimus tibi gratias.*

— *Optime ! Optime !* Franz ! Où est Franz ? Franz ! vous en êtes... Katina ! faites-moi le plaisir de dire à votre père qu'il en est... Traduisez, docteur ! traduisez ! »

A table, je contai par le menu mon ascension si heureusement improvisée. Je fis comprendre à mes convives que la berline devait passer, qu'elle passerait, que, pour l'honneur et le succès de la caravane, il fallait peu de chose, presque rien : décamper à trois heures du matin, avant le soleil, se faire escorter par quatre ou cinq gaillards munis de cordes, armés de pics, de pelles et de tout ce qu'il faut pour piocher et déblayer. D'emblée le chasseur de chamois est nommé brigadier. Il se charge du recrutement des quatre hommes.

Le repas fut d'une gaîté rabelaisienne. Au dessert, le docteur et Franz avaient arboré leur petite *cocarde.* Le chasseur de chamois, un spécialiste, était allé, lui, jusqu'au *plumet.*

Tandis que la petite Katina, voletant, tourbillonnant ainsi qu'une alouette, jetait à toutes les brises de la montagne les enchantements de son sourire et les perles de sa voix.

Ah ! ce fut un fier dîner, croyez-bien !

Les traités de géographie assignent à Trafoy quelque

chose comme cent cinquante habitants de sexes variés, mais presque unanimement d'un blond roux. Hélas ! qui fera la statistique de certaines populations sédentaires ou nomades accourues de plusieurs lieues peut-être, avides, altérées, soucieuses de prélever un impôt draconien sur l'épiderme de nobles étrangers qui passent sous leur juridiction? Cet impôt fut largement payé, principal et centimes additionnels.

Le lendemain avant l'aurore aux doigts gantés de rose, un concerto de voix et de ferrailles nous arrache violemment au sommeil. Voix et ferrailles appartenaient à nos pionniers sous la dictature du chasseur de chamois. Les malles sont arrimées, sanglées à l'aide de cordages supplémentaires. L'inspection de la berline se fait, en âme et conscience, à la lueur du crépuscule, doublée d'une lanterne d'écurie. Les sabots sont parés comme des ancres prêtes à mordre au premier choc. L'horloge fêlée de Trafoy sonne trois heures.

C'était le signal du départ et du café noir au kirschenwasser, viatique journalier du chrétien des Alpes. Nulle puissance ne le fera sortir de son chalet avant le café. Il oubliera quelquefois la prière du matin; le café, jamais.

C'était aussi le signal des adieux; la série avait commencé dès la veille pour nos deux amis, le curé et le docteur. Katina se jette dans les bras de Madame.

Que peut murmurer le chasseur de chamois à l'oreille de sa fillette? Je ne comprends pas. Ah ! deux paupières s'abaissent, deux joues se colorent, un front s'incline : j'ai compris... Merci, père !

La caravane s'ébranle escortée par ses cinq gendarmes, arme sur l'épaule droite, nous les touristes, Franz, le chien.

Seulement c'était un autre, le roquet d'hier était rentré dans la coulisse. Le chien du jour descendait en ligne directe du terrier que le patriarche Noé fit entrer comme passager dans l'arche du déluge universel. Tout ceci cache un mystère. Bon à mettre en réserve pour être élucidé plus tard !

Je ne ferai pas l'apologie du soleil saluant comme de juste le monte Cristallo sublime de grandeur, croyez-moi. La compagne de voyage se sent impressionnée ; j'avais beau dire que sur le chapitre des impressions il y aurait mieux là-haut, c'était comme si j'eusse chanté au lutrin de la basilique de Trafoy.

Au premier lacet, le brigadier chasseur rend un oracle qui nous met tous à pied. Au fait, la berline pouvait basculer, se briser quelque membre. Dès le début cela ne va pas trop mal, mais à mesure qu'on s'élève, les obstacles grandissent, l'escouade pique, pioche et déblaye. Fichtre ! il ne fait pas chaud. Les gourdes circulent à la ronde, bipèdes et quadrupèdes font des prodiges de gymnastique. A certaines galeries que la neige rend suspectes, Madame est transportée sur les bras des hercules de la troupe. La voiture est allégée, poussée, roulée, étayée, animée à coups d'épaules. On crie, on tempête, on jure en trois langues, même en français. Les chevaux hennissent et fument comme trois Vésuves. Assis sur son derrière dans la neige, le chien, spectateur impartial, grelotte.

Après trois heures de travail et d'obstination, de courage et d'adresse, l'équipage aborde la plus haute galerie. Un dernier coup de pic et de fouet... Hardi ! Hipp ! Hourra ! Ça y est ! Le monstre est dompté. Nous sommes les *Bidel* du Stelvio, exercice 1864.

Madame ne peut retenir un cri de joie, c'est presque de l'extase, devant le merveilleux Orteler, sa cour et ses grands dignitaires. Ils semblent nous dire : « Voyez ! nous avons des émules, oui, des maîtres, non. »

Pour moi je ne leur en connais pas.

A quelque centaines de mètres au-dessous du col, le versant italien laisse voir au premier plan un vaste logis massif, trapu, bâti comme une forteresse. Plumette en a dit quelques mots hier. C'est la douane, plus l'hospice-auberge sous l'invocation de *Santa Maria*. Nos cinq Tyroliens faisaient mine de vouloir rentrer dans leurs foyers. J'eus quelque peine à leur faire comprendre que les touristes étaient gelés, qu'il y avait de grands névés à traverser avant de toucher au seuil de l'hospice, que nous désirions fort descendre à pied sous l'égide du chasseur de chamois, que si Katina vient à savoir et elle le saura, que son père nous a plantés là, entre la maison de poste et le corps de garde, Katina sera furieuse, que, plus civilisé, le chien a déjà pris les devants, et qu'à *Santa Maria* même il y aurait déjeûner général offert à tout le détachement.

Que ne peuvent de bonnes raisons avec rafraîchissement à l'appui ? Sans dire mot, quatre des Tyroliens chaussent les sabots aux roues du véhicules. Franz, réinstallé sur son siège, est chargé de présider aux apprêts du festin : « Bon voyage, mes enfants ; à tout à l'heure !... »

— Ja !

Les touristes saluent d'un dernier regard le prestigieux panorama qu'ils ne reverront plus. Deux larmes glissent sous leurs paupières. Ah ! Messieurs, si vous les aviez pu voir, ces deux larmes, vous les auriez trouvées réfléchissant comme sur un double miroir les splendeurs et les magies du monte Cristallo.

Par un violent effort, on s'arrache aux Alpes du Tyrol, au Tyrol lui-même. Une heure après la brèche du passage, tantôt marchant sur leurs deux pieds, tantôt glissant sur les neiges à l'aide du bâton ferré, à l'aide aussi du chasseur de chamois, les deux aventuriers font leur entrée à *Santa Maria.*

Je vous ferai grâce du menu de l'hospice. A 2,500 mètres on ne saurait exiger comme plat du jour, ni perdreaux truffés, ni queue d'écrevisses Nantua. Nous eûmes juste de quoi imposer silence à l'appétit de nos guides, au nôtre par surcroît.

Au milieu du lunch, quelque chose comme un roulement de tonnerre. A la servante de l'hospice :

« Qu'e ? ragazza ? tuono ? valanga ?

— Non già, Signor ! calessino !

— Un cabriolet ? voyons ça ! vrai, ma foi ! un cabriolet en ces lieux ? qui se permet de nous déranger en cabriolet ? Y a-t-il une station ? »

Ecoutez la légende du cabriolet :

Parallèlement à la Valteline où nous sommes entrés tout à l'heure s'ouvre l'Engadine, la reine des vallées grisonnes où nous serons après-demain si Plumette n'est pas trop dans ses jours de *far niente.*

Or, du *Munster-Thal* en Engadine à *Santa Maria,* la Suisse et l'Italie confédérées ont tracé une route aussi mauvaise que peu fréquentée, et c'est précisément du Munster-Thal que débouchait à grand orchestre le cabriolet que j'avais pris pour le tonnerre, l'avalanche. Qu'ils me pardonnent, il n'y avait pas eu préméditation.

On procède au déballage du cabriolet. Personnel : un Américain dans la force de l'âge, une jeune miss blonde comme les épis, un grand garçon bâti en Hercule Farnèse du nouveau-monde. Evidemment une famille de Yankees ayant fait fortune à Cincinnati dans le pétrole ou à Chicago dans le lard fumé.

A l'altitude de 7,000 pieds, la France et les Etats-Unis vivent généralement en bonne intelligence. On se salue, on se serre la main. Les questions s'échangent avec courtoisie.

Au niveau de la mer, dame! c'est peut-être autre chose. Que voulez-vous, les douanes sont féroces.

« Et ces messieurs, miss, viennent ?...

— De l'Engadine par Munster. Vous-mêmes, Mistress, Monsieur ?

— Nous deux, Madame et moi ? de Trafoy en Tyrol.

— Par le Stelvio ?

— Par le Stelvio ! »

Je crus mon Américain frappé d'apoplexie foudroyante. Nos transatlantiques, eux aussi, venaient ouvrir le Stelvio comme on ouvre la chasse. Et voici qu'en stoppant devant le portail de *Santa Maria*, la première chose sautant aux yeux du cabriolet, était une berline, la berline des Français. Programme absolument raté !

Je consolais de mon mieux la tribu américaine ; nous prîmes une vive part à sa douleur. On finit par comprendre qu'à défaut du premier grand prix, le second n'était pas moins une fiche de consolation très honorable.

Je fis plus encore. Je négociai à mon citoyen des Etats-Unis le chasseur de chamois et son peloton, créant de là sorte à ces braves gens une haute paye sur laquelle ils ne comptaient guère et qui leur tombait du ciel.

Adieux généraux, puis nous nous séparons avec rendez-vous dans l'éternité. Le cabriolet et son escorte montent au col ; la berline file au grand trot vers l'Italie, se livrant aux hasards et aux zigzags de la route mieux soignée que sur les pentes du Tyrol.

IV. — BORMIO

Plus de terrier ! Le terrier s'était attaché à la fortune du cabriolet. Pour suppléant, un tambour-major de chien, race du Saint-Bernard, hirsute, aboyant à pleins poumons, gambadant, trop fier pour siéger aux côtés du cocher, faisant en piéton le trajet de *Santa Maria*, laissée derrière, à Bormio où nous attendent les délices de Capoue !

L'oratoire solitaire de *Santa Maria*, le hameau de *Spada-Longa* qui lui fait suite sont encore au milieu des neiges. Enfin reparaissent les rocs à découvert, les zones graduées de la végétation. Ce sont les mêmes gouffres qu'au versant tyrolien, les mêmes tours de force avec cette variante que les courbes ont un plus grand rayon.

Spada-Longa ne sait que faire d'un tas de cascades au majestueux fracas qui doivent nuire particulièrement au sommeil des indigènes, la plupart cantonniers sur la route. De distance en distance des embrasures comme pour des bouches de canon, ce sont de nouvelles galeries à traverser, creusées dans le roc, toujours plus sombres et plus imposantes.

La source de l'Adda (*fonte d'Adda*) est au troisième tunnel. L'aspect a du charme, la verdure qui prend le parti de renaître, la Valteline qui s'ouvre, indemnise les touristes et leur font oublier les misères de la veille et de la matinée.

L'équipage roulait comme par enchantement au petit galop de ses quatre bêtes, grand chien compris, galop tempéré d'ailleurs par les sabots ferrés se livrant aux bacchanales les plus sataniques. Tout à coup nous sommes en face d'un décor d'opéra-féerie. Gorge profonde, tailladée, ébranlée par les secousses de l'Adda tourbillonnante et affolée. Un pont à donner la chair de poule, une courbe, un bambin de tunnel, le soleil qui plonge en pleins nuages d'or et d'opale et darde son rayon d'adieu. Pour final un faisceau de constructions modernes campé témérairement au bord du précipice... Halte !

Les nouveaux bains de *Bormio* (*Worms* pour ne pas désobliger les Allemands), altitude 1303 mètres.

La berline est entourée. Directeur, médecin, sommeliers, filles de chambre, marmitons font cercle ; jusqu'aux baigneurs qui s'en mêlent.

Ils étaient trois, deux dames, un vieux et vénérable prêtre du Milanais.

« Madame, Monsieur, j'ai bien l'honneur! fait le directeur saluant.

— Bonjour, Monsieur... A qui ai-je l'avantage de parler ?

— Au gérant des bains de Bormio.

— Enchanté ! Pouvez-vous nous donner asile à Madame et à moi ?

— Comment donc! Et Leurs Excellences viennent?...

— Du Stelvio...

— Par Trafoy ?

— Par Trafoy !...

— Par le col ?

— Dame! Franz est là pour le dire... s'il y a moyen de vous entendre ensemble.

— Bravi! brava ! bravissimo !

— Bravo ! tant que vous voudrez, mes enfants ! mais...

— Le nom de Votre Excellence ? — ajoute le gérant qui m'interrompt pour tirer de sa poche calepin et crayon, et qui se met en devoir de griffonner.

— Mon nom ? Je comprends... pour la police. L. V. — Voilà !

— Français ?

— Depuis les croisades... Dites donc, mon cher gérant, sans nuire à vos autographes, n'y a-t-il pas aussi moyen de nous faire donner trois choses ?

— Urgentes ?

— Essentielles ?... Deux bains... Vous avez des eaux thermales ?

— Sulfureuses, sodiques, iodiques, ferrugineuses...

— Bonté du ciel ! Nous n'en demandons pas tant... Ensuite à dîner...

— Les couverts de Madame et de Monsieur seront mis à notre table d'hôte.

— Dans une heure, n'est-ce pas?

— A l'heure de l'établissement.

— Nous désirerons enfin un logis au premier étage et vos meilleurs lits. Ce gueux de Stelvio nous a roués vifs.

— A voir Leurs Excellences, on ne le dirait pas.

— Vil flatteur! »

Le crayon du gérant manœuvrait toujours. A la fin, pliant en quatre le feuillet qu'il vient d'arracher à son calepin, et d'une voix à rendre jalouse la trompette du jugement dernier, il appelle un galopin de quinze ans rôdant par là.

Piccolo! questa lettera à la sua destinazione! Presto! Andiamo! Prestissimo!

Le dîner fut à souhait. Entre le premier et le second service je priais le directeur de nous résoudre le problème des trois chiens, le roquet, le terrier et le Saint-Bernard, n'ayant pu en venir à bout avec Franz, notre cocher illettré.

Très simple, la solution. Avant la revendication du Milanais, le passage du Stelvio se desservait par la poste. Supprimée après la conquête de 1861, la poste vendit ses chevaux et mit ses postillons à pied. Malgré tout, les chiens attachés à leur personne avaient continué le service. Dès qu'une voiture présentable était en vue, ils fournissaient leur petit relais comme devant.

Démonstration pratique de l'aphorisme trouvé par un moraliste contemporain, Charlet, le peintre populaire, que ce qu'il y a de mieux dans l'homme c'est le chien.

Les lits furent à la hauteur de leur mission. Prad et Trafoy nous avaient rendus implacables. Nous n'avons jamais dormi de la sorte, ni les poings mieux fermés.

L'étape suivante était modérée. Rien ne nous pressait de partir. Nous avions jusqu'à 11 h. de paresse sur la planche.

Au salon j'ouvre un journal humide encore des étreintes de la presse. En tête je lis ce premier-Bormio, dont voici la version :

« Un gentilhomme !!! français, signor L. V., et sa gracieuse femme, sont descendus hier aux bains de Bormio, venant de Bolzano par le col du Stelvio qu'ils ont franchi avec une intrépidité digne des plus grands éloges. Nous nous faisons un devoir d'informer nos *nombreux* lecteurs d'un fait sur l'importance et l'actualité duquel nous n'avons pas à insister. »

Au déjeûner nous félicitions le directeur sur son talent de publiciste. La serviette pliée nous partons.

A moins d'une heure des bains se groupe la cité de Bormio non moins maussade que biscornue. On s'y croit au niveau du luxe et de la civilisation parce qu'on possède un journal et deux barbiers.

Deux, c'était trop. Pour un... ah ! Seigneur ! qu'on avait hâte ! Songez donc, Messieurs, une barbe vénitienne ! une barbe de la Piazetta ! cinq jours de végétation !

Je fais arrêter, à la porte de Figaro. Les clients commentent l'article du *Stelvio*. Ici on affirme, là on nie. Controverse partout. — L'aspect du nouveau venu, la barbe, le langage trahissent son incognito. Il est bien le gentilhomme français. Impossible de discuter son identité.

Evidemment une ovation se complote. J'ai beau protester, presser, jurer, autant parler japonais ou patagon.

« Un coup de fer à la coiffure de Son Excellence ?

— Allez au diable ! »

Je remonte dans la berline où Madame s'impatiente.

« Insupportable à la fin, d'être dévisagés ainsi que des bêtes de l'Apocalypse !

— Allons, chère amie, moins de nerfs ! Subissons l'indiscrète curiosité de pauvres gens perdus au fond de leur impasse. Pour eux le Stelvio accessible, c'est l'espoir de la saison d'été, le bois, le pain de l'hiver, c'est le morceau de sucre pour le café, la petite bague d'or promise à la fiancée ; c'est la joie, le sang et la vie... Voilà pourquoi nous aurons eu notre heure de célébrité, pourquoi nous serons jusqu'au soir les héros du matin. Et maintenant, Franz, mon ami, au galop ! »

De l'Orteler à Bormio, nous avons vu, Messieurs, ce qui se passe. De sublimes horreurs, la nature dans ses violences et ses emportements. Là pourtant est le berceau de la Valteline et de l'Adda, qui, après avoir vécu ses dix-huit premières lieues, s'en va mourir provisoirement au lac de Côme. On ne saurait se creuser un plus splendide, un plus riant tombeau.

La Valteline est italienne. Même soleil, mêmes mœurs, poussière conforme. La vigne, les figuiers, les plantes tropicales s'y trouvent à l'aise ; sans compter, en 1625, certain gamin d'astuce plus que de génie, qui s'y trouvant, lui, trop à l'étroit, se fit successivement cardinal, ministre, demi-roi de France (*sous réserves :* les historiens ne sont pas en accord parfait sur le lieu d'origine de Mazarin).

Vers le milieu environ de la Valteline, à *Tirano*, la berline tourne à droite. Elle s'engage dans un vallon latéral coquet à faire plaisir, arrosé par le *Poschiavino* dont le père nourricier est le lac de *Poschiavo*. — Nous y serons tout à l'heure. Aux premières maisons d'un village nommé *Brusio*, coup de chapeau à l'Italie pour prendre congé, simple congé de quarante-huit heures. Cent pas plus loin levée de chapeau à la Suisse représentée par sa douane, la plus tolérante, la moins marâtre des douanes antiques et modernes.

La frontière à peine franchie, nous découvrons à travers les arbres formant avenue, un lac tout frais, tout mignon, le lac de Poschiavo déjà nommé. Ça n'a pas plus de 2 kilomètres de taille, et ça se donne des airs! Oh, le joli bébé de lac!

L'équipage trotte le long de la rive droite; il dépose ses passagers devant les bains de *le Prèse*. Un palazzo, s'il vous plaît; du marbre à profusion.

Bormio se glorifiait de ses trois baigneurs; le Prèse ne peut lui en opposer un seul. On s'installe. L'état-major n'a pas encore rejoint. En l'absence des maîtres, les valets font les honneurs de la maison. Après un dîner pas trop mal rédigé, après nous avoir internés dans l'appartement le plus... *chic*... (pardonne, ô Bossuet!) — faute de rivaux britanniques pour nous le disputer — sommeliers et chambrières organisent une petite sauterie au piano.

Qui manœuvrait l'instrument? je ne l'ai jamais su. A

coup sûr, la plus haute personnalité artistique de l'endroit, la lingère des bains ou la fille du concierge.

Le sommeil est rétif... Aller prendre part aux ébats de mesdemoiselles les soubrettes, de messieurs les chefs et sous-chefs de cuisine, n'est compatible ni avec les exigences de l'âge ni avec les préceptes de la dignité.

J'ouvre alors ma porte-fenêtre de plain-pied avec la terrasse; j'allume un cigare; je contemple la lune qui fait risette au lac, et je songe avec mélancolie à... mes clients qui, depuis un mois, ne voyant plus leur notaire, doivent être en train de lâcher l'étude d'*icelui*.

IV. — LE BERNINA

Le passage du Bernina est un pont jeté entre la Valteline et l'Engadine, deux vallées faites pour se comprendre et pour voisiner. La clef de voûte est à 2334 mètres.

Des bains du Prèse ou Terpsychore présidait si bien dans la soirée d'hier, excellente route conduisant à *Poschiavo*, petite ville aux allures féodales; puis la Thébaïde. Jusqu'à *Pontresina* sur l'autre revers, un hameau, *Pisciadella*, deux ou trois posadas de montagne. Rien de plus.

Concurrents, presque rivaux des grands premiers rôles alpestres, les groupes du *Rozegg* et du *Bernina* soudés l'un à l'autre, font admirer la beauté, l'archaïsme de leurs formes, le luxe et le développement de glaciers que nulle part je n'ai vus plus purs, plus mouvementés ni plus éblouissants.

Les ascensions sont scabreuses. Dieu me garde de diffamer le Bernina! mais au simple coup d'œil on devine que tous les périls, tous les traquenards de la montagne se sont donné rendez-vous dans ce recoin des Alpes.

Les *enragés* trouvent là de très beaux motifs pour se briser les reins. Notre pauvre et regretté collègue *Henri Cordier* avait escaladé la plupart des pics du Bernina. Notre cher et vaillant ami S... de Q... a promené dans la région son sac, son binocle, son piolet et ses rêveries. J'en passe et des meilleurs.

Le pic Bernina, la plus haute cime des Grisons a ses 4052 mètres, qu'il porte très gaillardement.

Enfin, Messieurs, ouvrez le numéro 14 de l'Annuaire du Club-Alpin suisse, si miraculeusement coffré dans notre bibliothèque, vous y trouverez une étude des plus instructives de notre collègue genevois, M. B... H..., sur le champ d'excursion de la haute Engadine comprenant le Bernina, qui en est le joyau, la personnalité la plus en vue.

La caravane remontait lentement les pentes de ce Bernina. Elle fait escale devant l'*albergo la Rosa* (1878 mètres) autant pour déjeûner que pour laisser reposer les chevaux. Nous sommes reçus par une jeune femme très avenante, offrant ce qu'elle a de mieux après son sourire, beurre, viande salée, vin, café, etc. La jeune femme comprenait notre langue, la parlait même tant bien que mal.

La conversation s'engage :

« Vous demeurez seule ici, mon enfant?

— Faites excuse, Monsieur... J'ai mon mari.

— Et... votre mari est absent? Peut-être à Poschiavo où justement il y a marché?

— Faites excuse, mon homme est à l'observatoire.

— A l'observatoire? Votre mari serait-il dans l'astronomie?

— Oh! pas tant que ça! Tout au plus dans la météo... la météoro...

— La météorologie?

— Météorologie. C'est bien le mot. Faites excuse, le français n'est pas mon fort. Monsieur n'est pas là sans le savoir, en Suisse il se fait chaque jour des observations météo... mé...

— Ne vous donnez pas la peine...

— Le gouvernement a donc attaché mon mari à la station de la Rosa. Soir et matin il s'en va faire des chiffres, des grimoires, des bêtises qu'il expédie à Coire par le télégraphe. Tenez, voyez-vous là-haut, sur cette colline? »

En effet à la pointe d'un piton voisin se dressait un grand mât bariolé de signes numérotés, coiffé de la girouette traditionnelle grinçant et tournoyant à tous les caprices de la rose des vents.

Un particulier prenait des notes. Ses notes prises, nous le voyons descendre à fond de train dans la direction de la Rosa qu'il semble ébahi de voir conquise par un ménage d'alpinistes.

Ebahis! les alpinistes le sont pour le moins autant que le météorologue, l'entendant jouer de leur idiome avec une aisance, une correction dignes d'un professeur à la Faculté des lettres.

« Pardieu ! mon cher hôte, vous avez dû faire séjour en France ?

— Plusieurs années, oui, Monsieur.

— Quelle ville ?

— Lyon...

— Lyon ? quel bonheur ! Notre Lyon ? »

C'est la cotouriste qui vient de faire explosion... Madame avant tout patriote, fière de sa ville natale jusqu'au fanatisme.

« Lyon ? fais-je à mon tour. Un couvert à l'astronome ! Deux bouteilles de votre meilleur ! Vous déjeûnez avec nous ?

— Oh ! Monsieur, je n'oserai jamais...

— Osez toujours !... Et, comme cela, vous avez habité Lyon ?

— Quatre ans.

— Pour apprendre ?...

— La cuisine.

— La cuisine lyonnaise ? Bonne école.

— Madame a raison. J'ai fait mes classes chez X... le premier restaurateur des Brotteaux.

— Connu ! connu ! Fourneaux d'élite... un peu *chauds* peut-être. Et après ?

— Après ? Comme j'avais laissé à Pontrésina, Carlotta.

— Carlotta ? qui ?

— Pardi ! Carlotta, ma promise.

— Votre *Gretchen* ?

— Précisément... Pour lors je suis rentré au pays. Nous nous sommes mariés comme vous voyez. Carlotta avait une petite dot, je l'ai mise sur ce chalet de la Rosa.

— Carlotta dedans.

— Précisément ; ce qui me procure l'honneur de porter la santé de Madame et de Monsieur.

— Merci, nos braves enfants ! merci ! Que le bon Dieu vous protège ! Et voilà tout ?

— Ah ! j'oubliais... le mât de cocagne... C'est l'an dernier, figurez-vous. Le grand conseil m'a délégué pour la surveillance de la pluie et du beau temps sur le revers méridional du Bernina. Nous vivons là.

— Seuls ?

— Presque seuls. Les touristes ne nous gênent guère. La mode n'est pas encore aux Grisons.

— Elle viendra, mon ami, elle viendra. Patience ! Et, de Lyon, vous ne regrettez rien ?

— Si fait... quelquefois...

— Quoi donc ?

— Les bals de l'Alcazar... *(mezza voce)*, les petits soupers si... farces.

— Voulez-vous bien vous taire, malheureux ! *(En sourdine)*. Ces dames... surtout Carlotta !

— Peuh ! si vous croyez que Carlotta comprenne ! » me riposte l'astronome, avec un mouvement d'épaules et un cynisme révoltants.

Du chalet au col, gentille route vicinale de petite communication, du pittoresque ni trop ni trop peu, une bonne moyenne. Les arbres ont disparu, les gazons sommeillent encore sous la neige.

Jusqu'à de petits glaciers qui semblent avoir peur de nous, les pauvrets ! tant ils se cachent au plus profond des gorges voisines. Glaciers de l'avenir, m'allez-vous dire, Messieurs ? Je suis de cette opinion.

Le col du Bernina est un plateau allongé, jalonné ainsi que tout col qui se respecte. A droite, le val *del Fain*, ou du foin, tant il fournit à la consommation chevaline, le pic Languard que j'aurai l'avantage de présenter dans la séance prochaine, et d'autres sommités qui valent à peine l'honneur d'être nommées bien que de taille assez respectable.

A gauche, les contreforts du Bernina, l'avant-garde, le *Cambrena* et son glacier, le *Palu*, le *Mont-Pers*, se haussant jusqu'à 3.800 mètres pour mieux dérober aux regards des profanes le seigneur et maître dont ils sont les grands vassaux.

A quelques minutes de l'arête, la voie contourne un monde d'*aquariums* entre autres le *lago Bianco*, le *lago Nero*. Signalements fantaisistes : celui-ci pas plus noir que celui-là n'est blanc. Nuance uniforme ; du bleu marine *ex æquo*. Au demeurant, tous ces marmousets de lacs, nous les trouvons mornes, sauvages, peu folâtres. Leur toiture de neige n'est qu'en partie fondue. Les uns s'en vont à l'Adriatique par l'Adda, les autres à la mer Noire, par l'Inn et le Danube.

Au delà du col est l'hospice qui porte au front la noble devise vaudoise : *Dieu et patrie!* La descente s'organise au petit trot de la cavalerie. Nous allions céder à un demi-sommeil voluptueux, lorsque Franz, du manche de son fouet qui lui sert d'interprête, nous invite à regarder à gauche.

Nous regardons à gauche.

« Oh ! oh !! oh !!! » un crescendo...

— *Morteratsch !* ajoute Franz de sa voix naturelle.

— Morteratsch !... Pied à terre, chère amie ! ah! sacredienne ! pied à terre !

Les immenses glaciers du *Morteratsch*, j'aime autant dire les mers de glace du Bernina, sont cotés bien au-dessus du pair dans l'estime des amateurs. Ce qui motivait nos cris et nos points d'exclamations, c'est que ce prodigieux Morteratsch, nous l'attendions, certes, mais pas sitôt. Prisonnier entre ses falaises neigeuses, entre les pics le gardant ainsi qu'un trésor, sous le regard du piz Bernina son suzerain, il se révélait à nous sans transition, dans sa gloire et son incomparable majesté. Il n'avait pas crié gare, le Titan !

Voilà, Messieurs, de ces *trucs* alpestres, de ces bonheurs ineffables que la montagne réserve à ses élus.

Un pavillon, ma foi ! très pimpant était posté là tout prêt à offrir des chaises aux aventuriers, et à permettre de donner libre cours à leur enthousiasme. Or, comme rien n'altère à l'égal de l'enthousiasme, les aventuriers appellent à leur secours un flacon de certain petit vin blanc, qui se laisse gracieusement déboucher en vue du merveilleux glacier. Lui, regarde faire.

Vrai ! Je retournerai au Bernina rien que pour le Morteratsch, le gentil reposoir et sa blonde piquette.

Une heure de descente rapide nous conduit aux premières maisons de Pontrésina.

Pontrésina ! quatre syllabes se combinant en une note d'harmonie. J'ai vécu là quelques-unes des heures bénies de mon existence. *Chamonix*, *Zermatt*, *Interlaken* sont les ancêtres, les doyens de Pontrésina. Laissez aller ! La fillette, la Benjamine, nous la voyons grandir et réclamer sa légitime. En 1864, cela commençait; en 1881, la sirène n'a plus à compter le nombre des adorateurs qui vivent et qui mourront peut-être pour elle.

En traversant l'un des cinquante ponts que ma connaissance messire Satan a pris sous son patronage depuis Saint-Christophe en Oisans jusqu'à Pontrésina où nous entrons, Franz et le fouet de Franz esquissent le premier une grimace d'effroi, le second, le télégramme en usage de lui à nous.

Qu'est-ce encore, mon Dieu !

Nos regards plongent toujours à gauche, et, de nouveau, font vis-à-vis à de monstreux entassements de séracs et de névés, *les glaciers du Rozegg,* frères jumeaux du Morteratsch leur voisin de droite, se dérobant, eux aussi, dans les profondeurs d'une abside dont la flèche, le *piz Rozegg,* s'élance à 3.943 m. puis se développant en nappes étincelantes entre les assises de montagnes dentelées, blanches sur un horizon bleu.

Voilà ce que le fouet nous venait signaler.

Que présageait la mine effarée du Tyroliën ?

Un drame, hélas ! le drame de la berline, sa mort et sa résurrection.

Toutes choses dont Plumette fera le compte-rendu fidèle, si vous avez, Messieurs, vienne le mois prochain, le courage qu'elle admire, d'écouter ses balivernes une dernière fois.

VI. — L'ENGADINE.

Pontrésina est une rue longue, étroite, sinueuse (altitude 1.800 mètres). Ici une paroi de rochers à pic presqu'en surplomb. Là, profondément encaissé, le torrent échappé aux glaciers. Pontrésina, corniche plus que terrasse, moins corniche que gouttière. Les chats à l'état de noctambulisme y doivent trouver beaucoup d'agrément.

Voyez, Messieurs, notre malechance! La rue, seule et unique rue de l'endroit, était en réparation. Déblais, tranchées, pavés à l'état de barricades, rien n'y manquait... Aller plus loin, folie! Pour les piétons, nous deux, Madame et moi, l'obstacle n'était pas infranchissable, mais les chevaux, mais la berline, mais les malles!

Telle était l'origine de la crispation tyrolienne de notre automédon.

La Providence veillait. Trois ou quatre indigènes, des messieurs s'il vous plaît, des édiles peut-être, s'approchent, se découvrent, se confondent en politesses et en excuses, plaidant la cause de leur Pontrésina, affirmant, ce qui se voit du reste, que la berline, en tant que berline, à aucun prix ne saurait passer entière, qu'il y aura nécessité absolue de la démonter, de la disséquer, de l'exporter par morceaux.

Mais alors, Messieurs, ce ne sera plus une chaise de

poste, nous aurons une carriole à bras, comme avant-hier au Stelvio.

« Monsieur vient de Stelvio ?

— A petites journées.

— Alors, Monsieur est gentilhomme français ?

(Bon ! voici le gentilhomme qui renaît de ses cendres !)

— Et Madame sa gracieuse compagne ?

— Eux-mêmes, Messieurs! A vous rendre nos devoirs !

— Permettez-nous un brin d'égoïsme, et de nous réjouir de l'incident qui vous fera perdre une nuit à Pontrésina.

— Merci ! c'était en tout cas notre projet.

— Nous serons très heureux de faire à Madame et à Monsieur les honneurs de notre pauvre pays.

— Pauvre ! pauvre ! Sur échantillon, parole d'honneur, il n'y paraît pas. »

Le fait est que nos interlocuteurs étaient d'apparence cossue. L'un deux offre son bras à Madame qu'il aide à emporter la barricade. En dix minutes on nous installe à l'hôtel de la Couronne, de plain pied avec une étroite terrasse dominant l'éblouissante cataracte de glace qui vient mourir presque à sa base.

Dès le matin j'avais mis sournoisement à l'ordre du jour que si l'heure d'arrivée et l'état du ciel n'y voyaient pas d'inconvénient, je lâcherais Madame, préalablement confiée aux soins de la Couronne, pour faire l'ascension du piz Languard. Une fugue alpestre et conjugale ni plus ni moins.

A peine deux heures. Très bien ! Juste le temps de monter au piz Languard, l'un de mes rêves, l'une de mes ambitions montagnardes. Un guide, un cheval, un alpenstok. Trois ou quatre heures d'escalade; deux pour la descente, total six heures ; ce n'est pas le treizième des travaux d'Hercule. En route !

Le piz Languard, pour nous pic de Longue-Vue (3,266 mètres) est un obélisque planté droit comme un I au-dessus de Pontrésina ; on le dirait inabordable, il se laisse très gentiment aborder.

Sapins et mélèzes dans les soubassements ; sur leur tête un val étroit et désert, pâturage et gazons étagés jusqu'à la base du cône formé de rochers et d'éboulis. Ici, station des chevaux (2.770 mètres), puis un chapelet de zigzags à égrener avant d'atteindre la crête taillée en lame de couteau, le tout *plaqueté* d'innombrables petits névés.

Le mot plaqueté est-il naturalisé français ? Hum ! je le demande à notre docte et sympathique archiviste; s'il dit non, je regretterai mon plaqueté. Lui seul rend fidèlement ma pensée.

Et le panorama ? Ah ! Messieurs, c'est à y perdre les yeux de la tête et la tête par surcroît. Quarante lieues de fantômes blancs et glacés, ligne brisée tirée du géant de l'Europe centrale, notre initiateur de 1841, continuée à travers les groupes du mont Rose et de l'Oberland bernois, de vieux amis, et se développant jusqu'au Bernina que nous touchons du fer de notre bâton jusqu'au monte Cristallo, notre petite connaissance d'hier.

Et comme si la nature se mettait en frais pour le plus humble de ses adorateurs, un coucher de soleil à damner tous les peintres de la création, à confisquer leurs pinceaux pour les briser ou les vendre à des barbouilleurs d'enseignes.

La nuit venait de tomber. J'entre à l'osteria de la Couronne, éreinté, mais rayonnant de joie. Dans la salle à manger, que vois-je, dieux immortels! la cotouriste pérorant au milieu d'auditeurs bénévoles, nos Pontrésiniens, leurs Pontrésiniennes accourus pour consoler Madame de son veuvage.

Ces messieurs étaient, en vérité, d'une courtoisie pleine de charmes. D'un âge mûr, vêtus sans recherche et cependant avec une sorte d'élégance, ils causaient, ils fumaient, avec la permission de ces dames.

Le souper m'attend, j'y fais honneur en alpiniste affamé. Cédant à un sentiment de discrétion, nos visiteurs font mine de se retirer; nous insistons jusqu'à la violence, ils restent.

La causerie s'était engagée de plus belle; Madame m'apprend que nos amis improvisés ont habité la France.

Ici, Messieurs, j'ouvre une parenthèse; si vous la trouvez longue, dites, je la fermerai.

Vous avez entendu parler des pâtissiers suisses? C'est en majorité du canton des Grisons qu'ils nous viennent, spécialement de la haute Engadine. On dirait un mono-

Jeunes, ils ont abandonné leurs montagnes, ils ont émigré dans les deux hémisphères, en France plus qu'ailleurs.

Savoyards, ils se seraient faits commissionnaires ou ramoneurs; eux se sacrent confiseurs, pâtissiers, limonadiers, chocolatiers, que sais-je?

A quelques lieues près, les Casati, les Maderni sont de la haute Engadine. Eux aussi ont été de la foule des émigrants, des lutteurs pour la vie.

A leurs premières vacances, rare et mélancolique bonheur! les exilés volontaires trouvent la promise qui les attend et, bras dessus, bras dessous, ils repassent la frontière. Vers la cinquantaine, la petite fortune est faite; on liquide l'industrie, on emballe la femme, les enfants, le portefeuille, les effets, et nos émigrants, en fils pieux, reviennent, pour tout de bon cette fois, achever leur existence au village, à l'ombre du clocher et de ces montagnes dont le souvenir les obsédait même en versant la demi-tasse, même en garnissant le vol-au-vent.

L'aisance qu'ils ont si honorablement gagnée, ils l'abritent aujourd'hui sous le toit de leurs chalets rustiques, noyés dans les lierres, festonnés de plantes grimpantes, avec des rideaux mousseline de Saint-Gall aux fenêtres.

Partageant leurs journées entre les devoirs de la famille, les soins au jardinet, les réunions intimes, quelques flacons de vins de France, la fumée de leur pipe se tordant en spirales, nos Grisons rapatriés guettent les étrangers au passage, les guettaient du moins en 1864. S'ils pouvaient mettre la main sur un Français, ils ne le lâchaient pas. Plutôt l'auraient-il étranglé.

C'était le cas de nos Pontrésiniens, ce que nous expliquait en fort bons termes celui qui semblait être le leader de la colonie.

« Alors, Messieurs, vous avez fait séjour chez nous?

— Une vingtaine d'années.

— Paris ?

— Non... Rouen. A nous quatre autant de commerces. Chocolatier, pâtissier, fabricant de sucre de pomme. Voilà pour mes amis. Moi, cafetier, rue des Carmes ; connaissez-vous ?

— Rouen ? Rue des Carmes ? Parbleu ! Et, à ce qu'il parait, on a fait ses affaires.

— Moi ?

— Tous les quatre.

— Avec l'ordre, l'intelligence, l'économie, si peu que Dieu s'en mêle, on tire toujours son épingle du jeu. Notre avoir réalisé, nous sommes, à l'exemple des anciens, revenus à Pontrésina. J'aurais gardé ma boutique quelques années encore, ce n'est pas l'envie qui manquait. Demandez plutôt à ma femme qui est là pour le dire. Va te faire fiche ! Voici qu'un jour deux messieurs, deux habiles, se mettent en tête de rajeunir Rouen, de le flanquer sens dessus dessous.

— Deux Lyonnais ?

— Vous savez donc ?

— Avec l'un d'eux j'ai décliné *rosa*, la rose, *musa*, la muse.

— Tiens ! tiens ! tiens ! comme ça se trouve ! Ils m'ont bazardé mon établissement.

— Comment dites-vous ?

— Bazardé. Un mot de Normandie.

— Ah ! bien... très bien. Et alors ?

— Mon Dieu ! je ne leur en veux pas. Ils m'ont crânement payé. Mes amis dans le même genre.

— Vous allez, Messieurs, me trouver d'une indiscrétion...

— Allez! allez! ne vous gênez pas. Vous êtes ici chez vous.

— Trop aimables en vérité. Voyons, votre fortune, votre bien, comment de Pontrésina menez-vous ça?

— Ceux qui ont leur chalet de famille, le rabistoquent, l'embellissent ainsi que vous voyez.

— De petits palais! fait madame.

— Oh! des palais! salue, ma femme; Mesdames, saluez. Ceux qui n'ont point la chose font bâtir pas grand, mais confortable et chaud.

— Vous devez geler l'hiver?

— On gèle et on ne gèle pas. Cela dépend de la provision de bois. Il est au feu, le bois.

— Dame!

— Vous n'y êtes pas. Je veux dire que le bois coûte cher.

— Absolument comme chez nous, ajoute la cotouriste. »

Chœur de dames :

« Tout augmente, nourriture, blanchissage, toilette. On se ruine, on ne joint plus les deux bouts. »

La conversation est en train de dérailler. Si je laisse faire, il y en aura pour des heures et des heures. Je m'empresse de couper en deux les lamentations de ces dames qui me lancent des yeux. Puis m'adressant à l'orateur :

« Voilà pour le gite et le chauffage, c'est bien. Ensuite, le reste?

— Le reste, nous le mettons dans les rentes françaises, dans les obligations de chemins de fer, les grandes compagnies, les solides.

— Vous m'en direz tant ! »

Et maintenant, Messieurs, ne trouvez-vous pas quelque chose de touchant et de patriarcal dans cette manière d'arranger sa vie ? Si le bonheur et la paix ne sont pas chez de braves gens tels que nos amis d'un jour, à Pontrésina berceau de leur enfance, devant cette incomparable nature, où diantre peuvent-ils bien être ?

L'heure de la retraite a sonné ; de chaleureuses poignées de main, des adieux prolongés s'échangent entre ces dames, ces messieurs et les deux aventuriers qui vont dormir.

« Si vous venez à Lyon...

— D'accord.

— Si vous repassez par Pontrésina...

— Entendu !

Du temps que je grimpais au piz Languard, Franz et le charron du lieu s'étaient mis en quatre. Subdivisée et démontée ainsi qu'une montre, la pauvre berline s'était vue transbordée au delà de la barricade, puis assemblée, vissée et boulonnée à neuf ; si bien qu'au réveil du lendemain, tout se trouvait reconstitué et chargé, prêt à rouler au premier signal.

Le café dégusté, nous prenons notre essor, et, par une côte abominablement raide, nous descendons au fond de la haute Engadine.

Ici, Messieurs, encore une parenthèse, la dernière, je vous le jure.

L'Engadine est la vallée supérieure de l'Inn, qui y a sa source ; après ses quatre cents kilomètres dans la direction du nord-est, l'Inn, à bout de forces, s'en va demander l'hospitalité au Danube, sous les murs de

Passau. Il y a mieux : certains maîtres en géographie ont émis l'avis que l'Inn est la source authentique du Danube venu au monde, suivant eux, non dans le grand duché de Bade, mais au pied des Alpes Rhétiques. Je n'en crois rien. Renvoyé d'ailleurs à notre éminent collègue, M. le professeur B...

L'Engadine, dont l'orientation générale va du sud-ouest au nord-est, comprend deux régions. La basse Engadine, longue de dix lieues, couverte de villages, de prairies plantureuses et de splendides forêts, débute à Samaden et finit à Martinsbruck, à deux pas du Tyrol. A droite et à gauche quelques sommets voisins des neiges éternelles, le piz Languard déjà coté, le Silvettra (3.026 mètres), le piz Linard (3.416); des passages carrossales, l'Albula (2.313), le Fluela (2.405) et finalement des glaciers en nombre et en qualité.

Parmi les vallées latérales qui débouchent dans la basse Engadine, après le Munster-Thal, je signalerai Davos, dont la spécialité ne manque pas d'un certain prestige. Les docteurs en ont fait une station hivernale pour leurs poitrinaires, à 1.556 mètres. Les poitrinaires s'en trouvent bien, dit-on, et les docteurs aussi.

Ce qui nous permet d'espérer, Messieurs, qu'un jour ou l'autre nous aurons un institut hydrothérapique aux Sept-Laux, et, dans le pré de Madame Carle, au pied du Pelvoux, à deux pas du refuge Césanne, entre le glacier Noir et le glacier Blanc, un pensionnat de demoiselles.

A Celerina, la berline tourne le dos à la basse Engadine. C'est la haute qui nous attire et que nous allons affronter.

Le climat y est très rude. Fréquemment en hiver

trente degrés au-dessous de zéro. Brrr! neuf mois d'hiver, trois mois de froid. Dicton du pays, dicton vrai. Des gelées blanches, la neige nouvelle ne sont pas rares au mois d'août. Le creux de la vallée, désignée sous le vocable de Silva-Plana, forme une immense steppe, un Sahara de maigres gazons encadrant un quadrille de lacs, Saint-Moritz, Campfeer, Silva-Plana, Sils et tout autant de bourgades répondant aux mêmes noms, embellies d'ailleurs, ainsi que Pontrésina, de chalets endimanchés, de villas aux fenêtres étroites sur lesquelles ne sauraient mordre les ouragans, closes enfin de grilles dorées dont le papillotage tire les yeux.

Tout cela aux émigrés rentrés pour jouer les marquis de Carabas dans la pauvre vallée de sept lieues où ils ont déchiré leur première culotte.

Une particularité des montagnes et des gorges de la haute Engadine, c'est le silence de mort qui y règne. On entend à peine le bruissement des feuilles, le chant d'un oiseau. On dirait qu'ils se recueillent ou qu'ils ont peur.

Ces dernières lignes ne sont pas de Plumette. Plumette les aura pillées quelques part.

La caravane déjeune aux bains de Saint-Moritz, vaste et majestueux établissement thermal, l'une des naïades européennes les mieux ferrées et les plus carboniques.

Le déjeuner pris et soldé, les villages traversés, les lacs côtoyés, voici, sans qu'on s'en doute, le col de la Maloya ou Maloggia (1.811 mètres), limite de la haute Engadine et de la vallée de Bergell ou Bregaglia, selon qu'on se place au point de vue germanique, ou à celui du pays qui voit fleurir l'oranger, le rêve de Mignon.

La vallée qui s'ouvre au col de la Maloya va, d'étage en étage, se heurter aux murailles antiques de Chiavenna. Le torrent de la Meïra parcourt et anime cet escalier sans fin qui, par les mansardes, touche à ce que la nature alpestre a de plus sévère, et, par le rez-de-chaussée, à ce que le ciel méridional offre de plus guilleret et de plus recherché.

L'équipage fait halte au plateau du col devant une auberge. Un dernier coup d'œil à la haute Engadine. Devant nous la vallée, Silva-Plana et ses lacs. A gauche, une ligne de faîte entre 3.000 et 3.500 mètres traversée par les deux passages du Juliers (2.287) et du Septimer (2.311). Dans un repli de montagne voisin du col, au lac de Langhino à 2.400 mètres, la source de l'Inn ou du Danube. Ne faisons pas de cela une question de cabinet.

A droite, oh ! sapristi ! Messieurs !... Bien plus grandioses sont les aspects et les impressions.

D'abord le Bernina, le Rozegg, cela va de soi. Puis, en serre-file, les pics della Disgrazzia, de Fédoz, de Forno, que sais-je? et les océans de glaces qui, du haut de leurs 3.800 mètres, attendaient, en 1864, les de Saussure du dix-neuvième siècle et qui les ont trouvés, grâce à Dieu et aux clubs alpins, ses fondés de pouvoir.

La berline reprend sa course; à l'extrémité du plateau nous attend l'inextricable fouillis d'une forêt vierge à pic.

« Ah ! Seigneur ! Franz ! Franz ! pas de route !... Où est la route?

— Là, répond le fouet télégraphique.

— Là?... Piquer une tête dans ce cratère de verdure?... Par exemple!...

— Jamais de la vie! détonne le soprano de Madame terrorisée.

— Presto! signor... Presto!... » Le seul italien qu'ait jamais essayé avec nous le digne cocher. Du moment qu'il en fait usage, le cas doit être pressant, il y a péril en la demeure. Nous voici de nouveau confinés dans notre boîte, nous remettant aux mains de la Providence.

Sur les flancs vertigineux de l'abime forestier se déroulait en vingt et un doubles lacets — vingt et un, j'en ai fait l'addition — une route ombreuse, invisible, aux pentes magistralement comprises. J'admirais le superbe sang-froid, l'adresse étonnante de notre Franz qui descendait, descendait au petit trot de ses trois chevaux en arbalète, combinant ses voltes avec une précision géométrique, mesurant l'angle aigu de chaque zigzag. Ce fut merveilleux et charmant.

La frontière italo-helvétique se retrouve à Castasegna, riante oasis. Le nom prévient à lui seul qu'il s'y récolte plus de châtaignes que d'ananas.

Après Castasegna, Pleurs ou Plurs, qui rappelle, hélas! que tout n'est pas rose et blanc dans les Alpes. La chute d'une montagne l'engloutit tout entier vers 1618 ou 1620. Avant le désastre, des fragments de roches se détachaient de la cime voisine; des crevasses s'ouvraient, faisaient prévoir un cataclysme. Les naturels haussaient les épaules, se bouchaient les oreilles, fermaient les yeux. Pauvres diables! pauvres gens ensevelis sous 20 mètres de terres, de rocs et de débris! Les essais de sauvetage devaient être et furent impuissants. Tout vestige de la catastrophe est effacé. Une forêt de châtaigniers recouvre la tombe de la cité martyre.

Une chose qui va vous surprendre, Messieurs !

A l'un de mes voyages en Suisse, certain journal me tombe dans les mains. Stupéfait, je manque tomber moi-même sur le journal, en lisant à la quatrième page le prospectus d'une Société en commandite par actions pour les fouilles de Plurs qu'on espérait rendre à la lumière du jour — tout comme Pompéi — avec les trésors qui doivent y être enfouis.

Quels trésors ? des marrons du dix-septième siècle !... Et encore !

Des actions de Plurs ! Si la Société s'est constituée, ce que j'ignore, mon agent de change m'en offrirai pour rien, coupons non détachés, que je ne les prendrais pas.

Et vous, mes chers collègues ?

VII. — LE SPLÜGEN

Chiavenna, son nom le dit est la clef de l'Italie vers la Suisse orientale. La serrure est au Splügen. De plus, Chiavenna passe pour débiter la bière la plus mousseuse des Alpes à l'Adriatique.

Nous venons échouer dans le vaste et bel hôtel Conradi. Notre balcon domine le forum de Chiavenna, petite et pittoresque cité de trois à quatre mille habitants. A gauche, une église ni bien ni mal, San-Lorenzo ; en face, au sommet du rocher noir qu'elles couronnent, les ruines immenses d'un château féodal, sombre, farouche d'aspect, digne à tous égards d'une place d'honneur dans les illustrations de notre grand artiste Gustave Doré.

Voici le décor planté.

C'était un dimanche. Chiavenna devait fêter quelqu'un ou quelque chose, car, au premier coup de quatre heures, toutes les cloches se mettent en branle, tirant leurs langues de bronze par les baies des campaniles privés d'abat-sons, à la mode italienne.

Le forum était envahi. Hommes reluisants sous le velours-coton, femmes accaparant les sept nuances de l'arc-en-ciel... Pas plus belles pour cela. Ah ! non !

A la porte d'un café, sous la véranda, une vingtaîne de jeunes gars découplés, en uniforme bleu d'azur, boutons d'argent, képis galonnés, et panaches. Oh ! quels panaches !... La fanfare de Chiavenna, cela saute aux yeux ; d'autant que nos jeunes gens courent après le *la* du diapason, qui leur échappe toujours.

Tout près, un demi-cent de rudes gaillards, à l'uniforme plus sévère, le casque en tête... Evidemment les sapeurs-pompiers... Messieurs, saluons militairement !

Ce tumulte, ces cloches, cette foule, ces panaches, il faut tirer cela au clair.

« Sommelier, sommelier, montez, je vous prie. Dites : quel est ce régiment de monde ?

— Pas un régiment, Monsieur ; la compagnie des pompiers de Chiavenna.

— Des compagnons d'armes ?... J'ai deviné tout seul. Mais la musique?

— Fanfare des pompiers, fait le sommelier soulignant d'un sourire sa pensée que l'Excellence est un parfait imbécile.

— Et ce concours populaire, pourquoi, mon ami ?

— Pourquoi?

— Oui...

— Monsieur ne sait pas?

— Dame ! si je savais...

— C'est juste. Pour lors, Excellence, les deux mille badauds que vous voyez sont là pour la madona di Callivaggio.

— Bah!... Et cette madone di Callivaggio ?

— Monsieur n'a jamais entendu parler de la madone d'ici ?

— C'est la première fois, parole d'honneur! A Lyon, d'où nous sommes, on n'a de rapports qu'avec Notre-Dame de Fourvière... Sommelier, avez-vous une minute de loisir ?

— Je suis aux ordres de Son Excellence.

— Présentez-nous la madone di Callivaggio.

— Voyez-vous là-bas ? Madame voit-elle ?

— Très bien.

— A une petite lieue d'ici, route du Splügen, au-dessus des grands châtaigners, une tour blanche?

— A merveille !

— C'est le campanile de la chapelle.

— De la madone...

— Di Callivaggio... Vous y êtes, Excellence !

— Et ce campanile sert à sonner la messe de la madone?

— Et aussi ses trois Angelus?

— Toujours!

— Je me permettrai de faire savoir à Madame et à Monsieur, sans leur commander, qu'il y a des siècles, à l'entrée de la grotte de Callivaggio...

— Tiens, tiens! Il y a une grotte, comme pour sainte Rosalie à Palerme.

— Il y a une grotte... Donc, qu'à l'entrée, un beau matin, nos anciens qui ne s'y attendaient guère, trouvèrent debout une petite sainte Vierge en bois noir, sculptée, à ce qu'on dit, par...

— Par saint Luc!...

— Juste!... Mais alors, Son Excellence est au courant?

— Parbleu! Allez toujours, mon brave!

— Comme la madone faisait tous les miracles qu'on lui demandait, et même ceux qu'on ne lui...

— Sommelier! sommelier!

— De quoi, Excellence?

— Seriez-vous voltairien?

— Voltairien?... Je ne sais pas. La madone faisait donc tous les... enfin n'importe! on lui bâtit par-dessus la grotte un oratoire... l'oratoire au campanile.

— Ah! voilà... voilà!

— Vous allez voir, Excellence. Donc qu'un jour les autorités de Chiavenna, les curés en tête, parce que les curés se mêlent de tout...

— Jésuites?

— Tous jésuites!... se mirent dans la cervelle que la madone n'était pas logée selon son mérite dans les bois de Callivaggio. Propositions, rapports, discussions, amendements, le diable et son train. Finalement, on vote pour que la statue prenne domicile dans la grande église de San-Lorenzo. En un tour de main une procession s'organise, déploie ses bannières, chante cantiques sur litanies, litanies sur cantiques, enlève la petite Vierge noire sur un brancard de verdure, et l'installe tout bonnement dans une niche d'honneur, derrière le grand autel de San-Lorenzo. Madame et Monsieur ont pu voir...

— La madone?

— Non, la niche.

— Nous devons notre visite à San-Lorenzo. Ce grand saint la recevra tout à l'heure.

— Le soir même, illuminations générales, feux d'artifice, danses publiques.

— Oh! oh!

— Puisque le roi David a valsé devant l'arche! Bière à discrétion! Votre Excellence n'est pas là sans savoir que la bière de Chiavenna n'a pas sa pareille dans l'Italie entière.

— Je l'ignore si peu que je vous prierai de nous faire monter un cruchon.

— Piétro! Piétro! cruchon de bière au numéro 2. Voici que le lendemain à la pointe du jour, le sacristain...

— Encore un jésuite.

— Toujours! Le sacristain ouvre les portes de San-Lorenzo, va droit à la niche, lève les yeux, pâlit et tombe à la renverse.

— Pauvre sacristain!

— Plus de madone! disparue, enlevée!

— Oh ! ciel !

— Non, Madame, pas au ciel. On le crut d'abord, une erreur, mais retournée toute seule, la petite madone, dans son trou de Callivaggio.

— A la bonne heure !

— Oui, avant l'aurore, un déménagement à la lune.

— Les gens de Chiavenna sont entêtés. Paraît que la madone l'est tout autant. Ramenée deux fois, deux fois reprenant la clef des champs. Il fallait en finir, ce fut alors qu'avec l'autorisation de saint Joseph, de saint Joseph, le mari de la Vierge...

— Je sais, je sais...

— Eh! eh!

— Silence, mécréant !

— On fit une transaction amiable devant un notaire de Chiavenna, qui est dans les archives de la ville.

— Le notaire?

— Non, la transaction.

— J'aime mieux ça. Et, dans cette transaction?

— Il fut dit que la madone garderait son pied-à-terre à Callivaggio...

— Rien de mieux, après quatre ou cinq cents ans de prescription non interrompue.

— Que chaque année, dans la première quinzaine de juin, la madone serait invitée à faire ses dix jours dans l'église de San-Lorenzo, où elle serait libre d'opérer tous les miracles qui...

— Encore, athée! encore?

— Qu'une procession solennelle du clergé, des magistrats, des dévots irait chercher la madone et la remonterait chez elle avec tous les honneurs dûs à son rang.

— Nous y sommes, nous y sommes...

— Vous voyez bien, Excellences! Or, comme c'est aujourd'hui le dernier soir de la dizaine de 1864, si Madame et Monsieur désirent assister au défilé, voici le moment de se placer à leur balcon. »

Et là-dessus notre homme se sauve à toutes jambes comme s'il avait eu Lucifer à ses trousses.

« Il va, dis-je à la cotouriste, il va se cacher dans les caves, le païen, derrière quelque tonneau de bière pour n'être pas témoin d'un acte religieux qui blesse ses convictions. S'il est de la procession, celui-là !... »

Les cloches sonnaient avec rage. Le cortège s'ébranle. En tête les bannières, les pénitents de toutes les couleurs, blancs, noirs, gris, gris en majorité, les fidèles du sexe laid, la fanfare panachée faisant feu de toutes ses cuivreries, attaquant avec une incomparable furia le grand final des *Martyrs* (Poliuto), musique de Donizetti, une épopée musicale.

« Eh! eh! fait Madame, pas mal pour Chiavenna! De la verve, du brio!

— Une grosse caisse hors ligne! un pavillon chinois qu'on dirait venir de Pékin! »

A la suite de la fanfare, les pompiers sur deux files encadrant dans leurs flancs héroïques le clergé de la ville et des faubourgs, régulier et séculier, le syndic, le corps municipal, les gros bonnets et les fonctionnaires du lieu, tout cela psalmodiant et précédant la brune madone portée en triomphe sous un arc de feuillage, confiée à la foi ardente, aux robustes épaules de quatre hercules en habit noir, gantés de blanc, le chapeau décoré de fleurs et de rubans en banderoles.

L'un des quatre, jarrets tendus, le poing sur la hanche, se fait remarquer par une allure à la fois modeste et vaillante. Lancés à pleine voix, ses *ora pro nobis*, attestent une ferveur di primo cartello. Nous regardons, c'était... devinez, Messieurs, c'était notre voltairien de sommelier lui-même !

Croyez donc aux esprits forts de Chiavenna !

L'arrière-garde comptait un millier de femmes, de jeunes filles et d'enfants, marchant pêle-mêle à la mode des troupeaux de moutons, étalant des toilettes de l'autre monde, arborant, Plumette l'a déjà dit, des nuances à faire grincer les dents.

Que tout ceci fût bizarre, étrange, excentrique, je vous l'accorde, Messieurs : et cependant la raison et l'intelligence avaient beau se débattre, il leur était difficile de s'arracher à je ne sais quel élan de poésie religieuse, en voyant l'interminable cortège serpenter à l'ombre de la madone dans les premiers replis de la montagne, paraître et disparaître à travers les arbres, tandis que l'endiablée fanfare...

— Boum ! boum ! Un appel de grosse caisse ébranle les vitres de l'albergo Conradi. Que vont-ils nous donner ? Ecoutons. Ah ! Seigneur mon Dieu ! le final des *Martyrs !* Encore les *Martyrs !*

Et la procession s'éloignait à pas comptés, s'engageait de plus en plus dans les gorges du Splügen. La musique nous envoyait toujours les bouffées lointaines de son odieux final.

Les martyrs, ce n'étaient ni Polyeucte ni Pauline, c'étaient nous deux, Madame et moi.

Au retour à nuit close, fidèles aux saines traditions musicales, la fanfare vient se désaltérer à la brasserie annexe de l'hôtel. Je descends l'escalier quatre à quatre et tombe, inconscient, dans les bras du sommelier. Il veut, bon gré malgré, me présenter aux Enfants d'Apollon, section de Chiavenna.

« Monsieur L. V... alpiniste français.

— Très heureux, Messieurs, d'avoir été le témoin d'une touchante manifestation. A demi voix, poussant du coude mon sommelier : Hein ! dites donc vous ! pas un reproche, au contraire !

— Et nos artistes ! Excellence? s'empresse d'ajouter le digne sommelier, soucieux de faire dévier le cours de la conversation.

— Parfaits ! Seulement...

— Monsieur n'a pas trouvé le final de Poliuto, ce grand final, ce superbe final...

— Très beau, très beau. Seulement...

— Seulement, Excellence?

— Après Donizetti, pourquoi pas quelque peu de Rossini, de Verdi? Si l'art est un, ses aspects sont multiples.

— Monsieur a raison, réplique un grand beau jeune homme saluant avec cette courtoisie et cette grâce dont l'Italie a le secret. Par malheur notre répertoire est très limité.

— Que me dites-vous là, maëstro?

— Si limité qu'après le final de Poliuto...

— Le néant?

— Hélas ! Mais, patience, nous sommes à nos tout premiers débuts. Chiavenna vient d'ouvrir une souscription pour l'achat de notre bibliothèque musicale.

— Ah ! tant mieux, tant mieux !

— L'an prochain nous aurons un programme plus varié. Si Votre Excellence repasse par ici.

— Je n'ose, maëstro, le promettre ni à vous ni à moi. Je ferai mon possible. Voulez-vous des arrhes ?

— Quelles arrhes ?

— Sur le voyage de l'avenir, pour la souscription. Chut !

— Pour elle et pour nous, Monsieur, merci ! merci ! »

Et le touriste, serrant la main du maëstro regagne ses foyers et son balcon, d'où Madame contemplait tout Chiavenna en liesse, retour de Callivaggio.

Le point du jour nous vit en route, remontant de droite et de gauche le Liro ou la Lira, un braillard de torrent traversé par les lacets du Splügen, grande route des plus sérieuses.

Le Splügen, autrefois si redouté, est un large et commode passage, doté de ce qu'il y a de mieux et de plus confortable dans les Alpes, en tant que tunnels.

De sa détestable réputation, le Splügen n'a gardé qu'une mine rébarbative et peu avenante. En revanche, il a le privilège de faire traverser la fière et illustre gorge de la via Mala.

Laissez-moi, Messieurs, faire une réclame à la cascade de Madésimo entre Isola et Campo-Dolcino où, dit-on, nous avions déjeûné. A dire vrai, la caravane ne s'en était guère aperçue.

Le Madésimo, majestueux et terrible, se précipite

sans ressauts d'une hauteur de 250 mètres. Représentez-vous, Messieurs, le Staubach triplé de volume. La chute se voit très bien et dans son entier développement, d'une plate-forme établie *ad hoc* au bord de la route. On n'est pas plus aimable que le gouvernement italien auquel ressortit le versant méridional du Splügen, qu'il a baptisé Splüga.

Au temps de mes études classiques, je m'étais surpris frémissant d'horreur devant un nom sinistre, la gorge des Cardinells. Le récit des guerres de la République m'avait appris qu'en décembre 1800, sous le Consulat, le général Macdonald fit passer le Splügen à sa division chargé de couvrir le flanc de notre armée d'Italie. Des colonnes entières engagées dans la gorge des Cardinells furent entraînées vers l'abîme par les avalanches. Je ne pouvais faillir à un pieux et patriotique devoir. Laissant à Isola Madame suivre placidement la route nouvelle tracée à droite, et, franchissant une passerelle qui me ramène à gauche, je trouve le sentier tortueux des Cardinells que je gravis non sans efforts. Tellement effrayante la corniche de sauvagerie et d'à-pics, que j'hésitai un instant.

Pour y engager seulement quatre hommes et un caporal, à plus forte raison une division complète, il fallait que Macdonald eût jusqu'à la folie l'héroïsme de l'impossibilité et le mépris de la vie humaine.

Je rejoins, essoufflé, la berline à la Dogana, groupe de chalets agrémentés d'une buvette qui m'est d'un grand secours après l'escapade des Cardinells. On touche au col (2.117 m.). De ci, de là, quelques plans de neige ; il n'est pas rare qu'en hiver cette neige ne grimpe jusqu'àu premier étage des cahutes. Alors quand se déchaîne la tempête, on sonne la cloche pour orienter les voyageurs. Ah ! Messieurs, comme cela doit ressembler au tocsin !

Une heure de grande vitesse du col au village de Splügen. Arrêt à l'hôtel de la Poste.

VIII. — LE RHIN SELON BOILEAU

Splügen est le chef-lieu du Rheinwald-Thal ou vallon du Rhin. C'est aussi le point de rencontre de deux routes très fréquentées, le Saint-Bernardin et celle d'où nous descendons, ouvrant un angle aigu dont notre chef-lieu est le sommet.

Les deux routes relient les Grisons à l'Italie du Nord, la première par le lac Majeur, la seconde par le lac de Côme.

Je savais qu'à une heure de Splügen, en petit char, je trouverais Hinterrhein, le hameau le plus élevé de la vallée (1.624 mètres) et que d'Hinter-Rhein se laissait voir à distance la source du Rhin postérieur.

Quelques lignes d'hydrographie. Veuillez permettre encore, Messieurs !

Le massif du Saint-Gothard est le château-d'eau de l'Europe. Chacun sait ça ; vous, Messieurs, mieux que tous ; supprimez le Gothard, il n'y aura, pour ainsi dire, plus moyen de se préparer un verre d'eau sucrée ; vous aurez le sucre, vous aurez la fleur d'oranger distillée, mais vous n'aurez pas l'eau, sinon l'eau des citernes : tout est là.

Du Gothard se précipitent quatre torrents qui, peu après leur entrée dans le monde, se font rivières ou fleuves, le Tessin, le Rhône, le Rhône du pont Morand, la Reuss, le Rhin.

Le Rhin a trois sources : le Rhin antérieur (Vorder-Rhein) échappé du lac Toma aux flancs du Saint-Gothard et marchant seul jusqu'au bourg de Dissentis, célèbre par son abbaye de bénédictins.

A Dissentis, le Rhin antérieur rencontre le Rhin du milieu (Mittel-Rhein) sorti de je ne sais où, du fond, je crois, de la vallée de Médels (s. g. d. g.).

Les deux compagnons, bras dessus, bras dessous, descendent la belle et imposante vallée, l'honneur des Alpes, qui porte leur nom, puis, sous les murs de Reichenau, où Louis-Philippe préluda par des problèmes de mathématiques aux discours du trône constitutionnel, les deux Rhins aînés cueillent un petit frère, le plus rageur, le plus incorrigible des trois, le Rhin postérieur (Hinter-Rhein) dont les yeux se sont ouverts à la lumière au pied du mont Adule ! Ne faites pas attention, Messieurs, la voix de Boileau, Boileau-Despréaux, le père Boileau !

> Au pied du mont Adule, entre mille roseaux,
> Le Rhin, tranquille et fier du progrès de ses eaux,
> Appuyé d'une main sur son urne penchante,
> Dormait...

Assez, Boileau !

Voilà pourquoi je me faisais un régal d'aller contempler de mes propres yeux et le mont Adule, et les mille roseaux, et l'urne penchante, pourquoi je lâchais la cotouriste et ses alarmes, confiées à la garde de l'hôtel de la Poste.

Au hameau d'Hinter-Rhein, je saute à bas de mon char. J'arrête un jeune citoyen qui, pieds nus et pour un franc, me remorque au bout d'une ruelle solitaire aboutissant au vide. Sous mes pieds, par un à-pic de 200 mètres s'ouvre la gorge la plus désolée, la plus repoussante, la gorge de Zapport, à deux lieues, vol d'oiseau. Un vaste glacier lui sert de barrière, c'est le glacier de Rheinwald ou du Paradis (quel paradis perdu, Seigneur !) ouvrant la porte au Rhin postérieur qu'on voit à peine, mais qu'on entend à merveille rugir, sacrer et blasphémer à travers les éboulements, les neiges, le chaos et les cent mille horreurs de cette nature infernale.

Autour du glacier, une couronne de monts sourcilleux, le piz Val Rhein, le Moschelhorn, vingt autres entre 3.000 et 3.500 m. J'en passe et des plus raides.

Le maître de poste d'Hinter-Rhein, le surveillant de mon char, parlait assez correctement la langue qui nous a vus naître. Du Joseph Prudhomme tout simplement.

« Monsieur vient de jeter un coup d'œil à notre source du Rhin ?

— Hélas ! oui, mon brave !

— Monsieur n'a pas l'air enchanté ?

— Hum ! les Alpes m'ont mis en face de beaucoup d'énormités. Elles ne sauraient lutter avec votre désert de Zapport. Faites-moi le plaisir de m'indiquer le mont Adule...

— Mont Adule ! mont Adule ! ma femme, connais-tu le mont Adule ?

Un contralto dans la coulisse :

« Monsieur veut badiner.

Le mari : Monsieur veut... badiner.

— J'ai entendu... Et les mille roseaux ?

— Quels roseaux ?

— Et l'urne penchante ?

— Une urne penchante ?

— La carafe, imbécile ? Tu ne vois pas que ce monsieur se moque de toi !

— Ah ! par exemple, Madame ! je proteste.

— Le mari : C'est que les Français aiment assez à rire... Farceurs les Français ! farceurs tous, tous !

— Moi pas, mon brave ! Voyons, voyons ! ni le mont Adule ni les mille roseaux, ni l'urne penchante, vous n'avez rien de cela. D'accord, mais le Rhin... le Rhin tranquille et fier ?

— Fier, je ne dis pas... Pour tranquille, Monsieur a pu voir.

— Mais alors, sacredienne ! Boileau est un polisson.

— Qui ça ? Boileau !

> Au pied du mont Adule, entre mille roseaux,
> Le Rhin tranquille et fier...

— Ah ! bien ! très bien ! ça m'est déjà venu aux oreilles... Au pied du mont Adule. Des messieurs, des messieurs de France, comme vous. Tous les Français des farceurs, tous, tous ! Je ne comprenais pas, vous m'avez mis au courant. Et vous dites donc que votre ami est un polisson ?

— Boileau ? mon ami ? Nous ne sommes pas du même âge... Nous ne nous parlons pas.

— Qu'il ose se présenter ici, votre ami, le vagabond ! Vlan ! c'est moi qui m'en charge.

— Bon ! Demandez-lui son casier judiciaire !... »

A Splügen, hôtel de la Poste, m'attendait un interrogatoire en règle. J'eus la physionomie traîtresse d'un émerveillé.

Cependant, Messieurs, je n'étais pas trop désolé. J'avais pour mon compte personnel, et *de visu*, éclairci ce mystère géographique, à savoir, que toutes les diableries de la nature se sont donné rendez-vous à la source du Rhin postérieur, toutes hormis les mille roseaux, l'urne penchante et les autres fanfreluches à la Boileau.

Quant au mont Adule, si comme pic spécial il n'existe pas plus que l'Iseran entre la Tarentaise et la Maurienne, disons, Messieurs, à la décharge de notre immortel satyrique, disons que les cimes nombreuses réunies autour du vaste glacier de Zapport, ont pour raison sociale le nom collectif des Adules.

IX. — P. P. C.

Nous sommes au septième jour du contrat de Botzen. Il faut, ce soir même, être à Coire, à moins que la fatalité ne s'en mêle, et précisément la fatalité va s'en mêler.

Le soleil est las de sourire à la caravane; de gros nuages se reposent sur les sommités voisines. L'air se condense, une tourmente est en voie d'éclosion. Pourra-t-on, avant qu'elle éclate, franchir le défilé de la via Mala?

La via Mala? encore un de ces noms prédestinés ayant le monopole de faire tressaillir et rêver.

Bah! En route. A la grâce de Dieu et de la madone de Callivaggio!

A la sortie de Splügen, on n'y voyait guère, ce qui veut dire qu'au village d'Andeer, on n'y voyait plus. Une pluie froide tombe à torrents. Triste et lugubre, la nature grelotte. Nous imitons la nature... Le vent souffle avec furie, le tonnerre éclate avec fracas, les éclairs décrivent de sinistres arabesques. Madame a peur, et la peur est d'autant mieux en situation que nous nous trouvons en pleine via Mala, coupe-gorge breveté des Alpes, objet d'effroi quand le soleil lui-même le visite.

Là-bas, au fond, un cri, une épilepsie, le Rhin déchaîné. Je ne sais ce qui me retient d'appeler les gendarmes. En somme, une via Mala manquée.

C'était saint Médard qui tirait sur nous son chèque du mois de juin.

Ah! enfin... Thusis! la petite ville hospitalière, poste avancé, sentinelle perdue au nord de la via Mala, comme Andeer l'est au sud.

Et, dans Thusis, l'hôtel de l'Aigle, gracieux et avenant, où la berline s'engouffre avec bonheur. Par l'organe du sommelier, Franz, ruisselant comme un triton, déclare qu'il y aurait folie, la nuit tombant, à tenir les grands chemins, que ses chevaux n'en peuvent plus, qu'une fluxion de poitrine est bientôt gagnée, que demain la tempête n'existera plus sinon pour mémoire, que nous pourrons visiter à notre gré la via Mala qui se sera faite belle pour Madame et Monsieur, qu'à midi nous serons à Coire, etc., etc.

De quoi s'agit-il après tout? d'un retard de quelques heures, du crédit supplémentaire d'une demi-journée au budget de la berline. Nous n'en déposerons pas notre bilan.

Prise en considération, la proposition Franz est discutée, puis adoptée au scrutin public. Ce qu'elle nous laissa voir le lendemain, Messieurs, le voici :

A tout seigneur tout honneur!... Le soleil... Le soleil du Stelvio, du Bernina, du Splügen... Notre soleil d'Austerlitz.

— Ensuite?

— Ensuite, Messieurs, à quelques portées de fusil de l'Aigle, une fissure, une entaille monstrueuse, la montagne fendue en deux par la durandal de quelque Roland rhétien.

A gauche, dans la région des nuées, les ruines du château-fort de la Haute-Rhétie, lequel, au moyen âge, eut l'honneur de servir de parrain aux ligues grises, devenues le pays, puis le canton des Grisons.

La vieille forteresse, campée sur des rochers à pic, est inaccessible par la vallée dont elle commande l'entrée.

On salue le vénérable manoir. On pénètre dans l'étroit défilé long d'une lieue, sombre, tortueux, éclairé d'un pâle reflet bleuâtre renvoyé par les rocs perpendiculaires, mesurant de 4 à 500 mètres. La voie est protégée par des parapets. Une galerie, des masses qui surplombent, trois ponts comme traits d'union. Pour final, à

100 mètres de profondeur, le Rhin junior qui marche avec peine, se gonfle, se tort, cabriole et rebondit couvert d'écume, poussant des rugissements de bête fauve, en parfaite harmonie avec le décor de ce lieu redoutable et séculairement redouté.

Voilà, Messieurs, ce que nous devions à l'heureux cataclysme de la veille, ce qui nous fit entrer vers midi seulement au Steimbock, le grand hôtel de Coire, capitale du canton des Grisons.

Après sa cathédrale, dont certaines parties se rattachent au huitième siècle, Coire n'a rien qui soit digne de fureteurs tels que nous. Aussi est-il décidé qu'on prendra le train jusqu'à Ragatz et aux bains de Pfœffers où la journée s'achèvera. Dans cette prévision, le salon du Steimbock sert de bivouac. Autour d'un guéridon voisin, une tribu anglaise qui lunche.

Franz est convoqué. Le sommelier veut bien, lui aussi, assumer les fonctions de drogman. Franz apparaît, yeux baissés, timide, presque honteux. Je prends la parole, le sommelier traduit :

« Franz, mon ami, nous allons nous séparer ; vous avez été un brave, un honnête et fidèle serviteur. Votre devoir, vous l'avez rempli au delà de vos promesses et de nos espérances. Madame et moi, vous sommes reconnaissants. Voici vingt napoléons..., les seize du contrat de Botzen. Vous remercierez pour nous l'excellent M. Buchner. Le dix-septième napoléon est pour la demi-journée de supplément, les trois derniers pour le trinkgeld, la buona mano, le pourboire..., donnez-y le nom qu'il vous plaira. Vous les accepterez comme un témoignage de notre pleine et entière satisfaction, et nous ne croyons pas, Madame ni moi, être quittes envers vous... Voyons, Franz, êtes-vous content ?

— Si je le suis ? Monsieur le demande !... Oui, d'un côté, je suis content, oui ; mais d'un autre côté, non, je ne le suis pas... content, non... Je m'embrouille, pardonnez-moi... Ce que je veux dire, c'est que je serais bien autrement... ce que dit Monsieur, si Madame pouvait le décider à prendre la route du lac Majeur.

— Connu, le lac, connu !

— Ça nous ferait une journée de Coire à Dissentis ; de Dissentis à Andermatt par l'Ober-Alp, deux ; d'Andermatt au lac, à Magadino, trois ; de...

Et il comptait sur ses doigts, le digne tyrolien.

— Ta ! ta ! ta !... Impossible ! Franz, impossible ! L'itinéraire dit non. Ne nous tentez pas. Allez en paix. Nous emportons votre souvenir. »

Je me sens tirer par le pan de ma jaquette ; je fais demi-tour. C'est le chef du clan d'Albion, un père noble très bien. Il m'entraîne, sur un signe, dans l'embrasure d'une croisée.

« Je vous prie de m'excuser, Monsieur. Un renseignement... Ce garçon vous a conduit ici, d'où ?

— De Botzen par le Stelvio.

— Et vous avez été satisfait de son service ?

— Dame, vous voyez. De nous séparer nous avons presque le cœur chagrin.

— Et il est libre ?

— Le cœur ?

— Non, le cocher...

— Pardon ! Franz ! vous êtes libre ?

— Parfaitement.

— Je vous retiens, mon garçon. Demain, au point du jour, nous nous mettons en route.

— Pour où, milord ?

— Pour Botzen. Par les mêmes passages et aux mêmes conditions que Madame et Monsieur. Est-ce dit ?

— C'est dit, milord.

— En ce cas, Monsieur l'interprête (c'est moi qui parle), vite un bout de contrat ! Prenez, copiez sur l'original de M. Buchner.

— Voilà !

— Surtout, rendez-moi l'autographe. J'y tiens. On ne sait pas ce qui peut arriver. Adieu, Franz ! En passant à Trafoy, rappelez-nous au souvenir de M. le curé ; du docteur s'il s'y trouve, du chasseur de chamois.

— Embrassez Katina pour moi, ajoute la cotouriste.

— Je n'y manquerai pas, Madame ! merci ! »

La voix enrouée d'un conducteur d'omnibus :

« Messieurs les voyageurs de la ligne de Zurich en voiture pour la gare !

— Adieu, Franz, adieu !

— Non, pas encore. Que Madame et Monsieur permettent à leur cocher du Tyrol de les suivre jusqu'à la porte du wagon. »

Voulez-vous, Messieurs, que je vous dise le fin mot ? Nous étions aux trois quarts émus.

Ragatz est un grand et beau village à une heure de Coire par le chemin de fer. Ragatz est traversé par l'impétueuse Tamina qui prend naissance au-dessus de la gorge de Pfœffers, et va mourir dans le Rhin à quelques centaines de pas de Ragatz, l'un des joyaux du canton de Saint-Gall. Pour un misérable torrent de quatre lieues à peine, quel tapage, mon Dieu ! quel tapage ! Si cela ne fait pas pitié !

La gorge de Pfœffers ! Ah ! Messieurs, si vous étiez moins de mes amis, comme je vous écraserais sous une avalanche de quatre pages et de cinquante points d'admiration ! Prenez le Fier, le Trient, la Dioza même, battez, mélangez, agitez, vous n'obtiendrez pas encore l'horrible et sombre majesté de l'antre dont la Tamina ronge les flancs. Si le Tartare n'a plus ses vieilles portes, celles de la Tamina les peuvent remplacer avec avantage. On y trouve même ce point de ressemblance que du fond de la crevasse s'échappe un épais nuage de fumée chaude, âcre et nauséabonde obligeant le visiteur à se pincer les narines et à mettre bas son paletot.

On aborde la solfatare par un sentier de planches suspendues au-dessus de l'abîme et n'ayant, tout au moins en 1864, d'autres garde-fous que les conduites des eaux en gros sapins forés comme des pièces d'artillerie.

C'est de l'abside de cet enfer que jaillissent les eaux non moins thermales que salines qui ont établi la réputation des bains de Pfœffers exploités jadis par l'abbaye du même nom, présentement par le canton de Saint-Gall.

A moins d'un siècle en arrière, les malades étaient descendus aux bains du haut de la falaise de gauche dans un ignoble panier d'osier, manœuvré par un treuil à manivelle. On voyageait à l'état de bottes de foin.

La situation est devenue plus digne. On a tracé le long de la Tamina un sentier d'abord, puis quelque chose ressemblant à une route des moins vicinales. La place à peine pour le plus étriqué char-à-bancs.

Et la Tamina qui là-dessous s'en donne à cœur joie, *quærens quem devoret !* Le plus sage est de rester immobile sur sa banquette et de fermer les yeux.

Ah ! j'allais oublier. Un pauvre rayon de soleil vient-il s'égarer aux bains ou dans la gorge, on crie au miracle, on en parle dans la gazette de Coire.

Au demeurant, Messieurs, je ne sais dans les Alpes site abordable de mine aussi farouche que le repaire mélodramatique de la Tamina. Le seul reproche à lui adresser serait peut-être d'avoir élu domicile trop en dehors des limites de notre octroi.

Après Ragatz, le lac de Wallenstadt, Zurich, Schaffouse, Soleure, Berne, etc., etc.

« Plumette !

— Maître ?

— Si on leur consacrait quelques lignes...

— Nenni ! La Suisse des collines et des plaines ! Pourquoi pas aussi le Righi, ses odieuses locomotives, ses bazars du Kulm, ses casernes-pensions, tous ses crimes de lèse nature alpestre ! Nenni, maître, nenni ! »

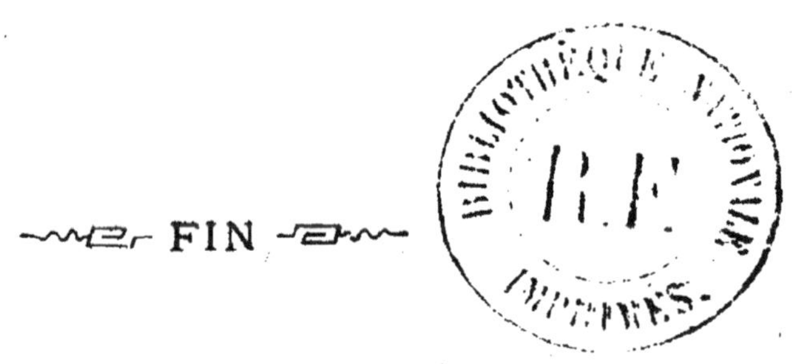

TABLE DES MATIÈRES

CHAPITRE Ier

LYON-VENISE

CHAPITRE II

NAPLES-VÉSUVE

CHAPITRE III

POMPÉI-PŒSTUM

LES ÉTAPES D'UNE BERLINE

Bourg, imprimerie VILLEFRANCHE. — 816-87.

VERITE
PROBITE
1626

www.ingramcontent.com/pod-product-compliance
Ingram Content Group UK Ltd.
Pitfield, Milton Keynes, MK11 3LW, UK
UKHW020319230726
13925UKWH00002B/507